청동의 법

청동의 법

오오카와 류우호오 지음

가림출판사

'청동의 법'이란 여러분이 굳게 수호해야 할 보편의 법이다.

아직 이 세상의 과학이나 학문, 사회상식으로는 진리라고 인정받지 못하더라도, 본서에 쓰인 것이 이 지구신地球神의 가르침이다.

이 신의 가르침을 믿어라. 이것이 현대의 불전佛典이면서 성서이며, 코란이다.

그리고 이 일본이라는 나라에서 시작된 새로운 종교가, 민족 종교가 아니라 세계 종교이며, 우주 인류에 대한 가르침이기도 하다는 것을 여러분은 깨달아야만 한다.

엘 칸타아레라고 하는 숨겨져 온 신의 이름이 밝혀져서, 인류가 그 루트를 알고 하나가 될 때가 온 것이다.

2018년 12월

행복의 과학 그룹 창시자 겸 총재 오오카와 류우호오

CONTENTS | 차례

제5장 사랑을 퍼뜨리는 힘
당신을 움직이게 하는 '신의 사랑'의 에너지

청동의 법

제1장

정열을 높이는 방법

무사無私의 리더십을 지향하는 삶의 방법

01
자신도 타인도 모두
고귀하다고 생각한다

주어진 인생 시나리오의 깊은 의미

행복의 과학이 활동을 시작한지 33년이 지났으며, 종교 본체의 활동 이외에도 여러 가지로 관련된 사업을 다각적으로 전개하고 있습니다.

그 모든 것에 대해 내가 충분히 파악하고 있는 것은 아닙니다만, 그것들의 기본적인 사고방식 자체는 오랫동안 내가 이야기해왔던 것을 바탕으로 해서 각 사업의 방향성에 맞는 활동으로 전개하고 있다고 믿습니다.

그것들은 행복의 과학 신자가 중심이 된 자원봉사 활동이기는 합니다만, 각각의 활동에서는 일반 사람들도 참가할 때가 많은 것으로 알고 있습니다.

예를 들면 장애가 있는 아이들을 지원하는 '유어 엔젤!You are Angel' 운동이 있습니다. 이 장애아에 대한 지원을 하는 운동에도 행복의 과학 영적 가치관에 근거한 사고방식이 들어 있습니다.

우리가 살아가는 세상에서는 일반적으로 '인간으로 태어나 어떤 몸으로 인생을 살아가는지에 대한 운명이라고 할 수 있는 것이 DNA 안에 모두 들어 있다'는 식으로 말해지는 것이 보통입니다.

확실히 육체의 설계도라고 하는 것은 성장 과정에서 그와 같이 복원되어 가게끔 되어있다고 생각합니다.

하지만 육체 속에 들어 있는 혼은 겉모습으로 보이는 것과 똑같지는 않습니다. 비록 겉모습이 여러 가지로 부자유스러운 면이 있는 사람이어도, 깃들인 혼 자체는 이 세상에 태어나기 전인, 영천상계靈天上界에서는 건강한 어른이었던 혼도 있습니다. 즉, 본래는 보통으로 생각할 수 있고, 말할 수 있고, 들을 수도 있고 '뭔가를 하고 싶다'라는 희망을 품고 태어난 사람이라고 말할 수 있을 것입니다.

물론 태어난 후에 어떤 사고에 의해 좋지 않은 상황이 생길 때도 있다고는 봅니다만, 그러한 경우뿐만 아니라, 이 지상에 여러 형태의 사람이 태어난다는 것은 예정된 과정입니다.

이 세상에 똑같은 사람들만 태어나도 곤란하다고 생각합니다. 그 때문에 남녀의 차이나 나이의 차이가 있고, 겉모습에도 여러 가지로 차이가 있는 것입니다. 그리고 어른이 될 때까지 각자의 적성이나 능력 등에 맞춘 진로가 결정됩니다.

그 가운데에서 부모가 된 처지에서는 '더 자유롭고 활달한 인생을 살고 싶다'고 바라고 있어도, 태어난 아이에게 장애가 있거나, 자라나는 과정에서 병들거나 하는 일도 있습니다. 그렇게 되면 생각했던 것보다도 더 무거운 짐을 짊어진 형태로 인생이 계속되어 갈 수도 있습니다.

하지만 그것도 '인생이다'라고 생각해 주기 바랍니다.

전적으로 똑같은 인생은 없습니다. 이것이 의외라고 할 수 있습니다만, 비록 같은 혼이 다시 태어나더라도, 그때는 시대도 바뀌고, 지역도 바뀌고, 자기를 둘러싼 환경도 바뀌고, 또 직업도 바뀌는 것입니다.

'인생은 한 번뿐'이라고 자주 이야기합니다. 이 말은 '이번 인생은 이번뿐'이라는 의미로는 옳습니다만, 그 반대로 '인생은 한 번만이 아니다'라는 것도 옳습니다. 왜냐하면 과거에도 수많은 인생을 경험해 왔고, 미래에도 경험할 것이기 때문입니다.

금생에는 남성으로 태어나거나, 여성으로 태어나거나, 혹은 건강한 육체이거나, 어딘가에 장애가 있거나, 심각한 병을 가졌거나, 성장하는 과정에서 몸에 이상이 생기거나 하는 것처럼, 사람마다 각각 여러 가지 상황은 있을 것입니다. 다만 그것도 '불과

100년이 될까 말까 하는 인생 가운데에서, 한 번은 이러한 경험을 해보라는 의미로 시나리오가 주어진 것이다'라고 생각하는 것이 좋을 것입니다.

이 세상에 태어난 인간에게는 '왜 나에게 이런 시나리오가 오는 걸까'를 모르는 일도 많을지 모르겠습니다. 하지만 '지금까지의 긴 전생轉生에서 자기는 어떻게 살아왔는가? 그리고 이번에 태어나기 전 단계에, 어떤 부모님을 선택하고, 어떤 계획으로 지상에 태어난 것인가'하는 데까지 알게 되면 '금생에는 이것이 공부 과제로 주어졌구나'라는 것을 알게 됩니다.

특히 젊은 사람이라면 타인과의 비교가 대단히 마음에 걸릴 것입니다만, 타인과 전적으로 똑같지 않아도 좋습니다. 자기와 다른 사람과는 다르다고 해도, 각각 고귀하고, 그 고귀함에서는 동등하다는 것을 알아주십시오.

핸디캡을 가지고 사는 사람들로부터 받는 용기

나는 30년 남짓 종교가로서 여러 곳에서 많은 사람에게 힘을 주는 일을 해왔습니다. 하지만 역시 살아있는 인간으로서 이 세상에 육체를 가지고 있으면 천상계에 있을 때처럼 되지 않은 면도 있습니다.

이미 2,800회 이상의 설법을 했습니다만(2018년 10월 시점), 앞 일을 생각하면 아찔해집니다. 이 페이스로 설법을 하게 되면 언젠가는 5,000회를 넘게 되는 것이 아닐까 생각됩니다만, '산봉우리가 이어진 고산高山을 오르는 것보다 힘들지도 모르겠다'라고 생각합니다.

다만, 앞일을 생각하면 힘들 것 같다는 생각이 듭니다만, 일 면에서는 하나하나 단계적으로 쌓아 올리는 것이 중요합니다.

33년 전에 나는 최초의 좌담회를 했고 처음으로 강연회도 했습니다. 그때부터 지금까지 계속해 오고 있습니다. 저서로 발간한 책도 2,400권 이상이 되었습니다(2018년 10월 시점).

그와 같이 보통으로는 있을 수 없을 만큼의 생산성을 가지고는 있습니다만, 모든 것이 단계적으로 한 걸음 한 걸음 거듭해 왔던 결과이며, 큰 결과만을 내려고 하는 것은 아닙니다. 나로서는 정말로 매회, 최선을 다해 진행하고 있습니다.

그 가운데에 조금 전에 말한 '유어 엔젤!' 운동도 있습니다. 이 활동은 행복의 과학 다큐멘터리 영화 '마음에 다가간다'(2018년 5월 공개) 속에서도 소개되고 있습니다만, 핸디캡을 가지고 있으면서도 열심히 생활하는 사람들의 모습 등을 보면 나도 힘을 얻습니다. 내 숙제와 그들의 숙제 중 어느 쪽이 더 어려울지는 알 수 없습니다. 그들도 많이 힘들 것으로 생각되므로, 그 모습에서 나도 힘을 받는 면이 있습니다.

02
생애 현역으로
새로운 재능을 경작하는 방법

오늘 하루는 합격점이었는가

인생을 살아가는 가운데 사람은 지칠 때가 있어도 휴식을 가지면 또 힘이 솟아나기도 합니다.

예를 들면 정치 운동을 하는 사람은 거리선전을 할 때, 큰 소리로 외치다 보면 목이 쉬어서 '이제 목소리가 나오지 않는다'고 생각할지 모르겠습니다만, 얼마 지나면 회복되어 제대로 목소리가 나오게 됩니다. 자고 일어나면, 새로운 해가 떠오르는 것처럼 또 힘이 솟아나는 것은 고마운 일입니다.

나도 2,400권이나 되는 책을 출간해 왔지만, 아직도 지속적으로 신간이 신문에 소개되고 있습니다. '오오카와 류우호오라는 사람은 정말 어디까지 할 참인가'라고 생각하는 사람도 있을 것입니다.

지방에 사는 사람 중에는 동경심만으로 '도쿄에 가서 새로운 사업을 시작하고 주목을 받으면 좋겠구나'라고 생각하는 사람이 있을지도 모르겠습니다만, 나는 그와 같은 유형은 아니고 오랜 시간 노력해서 끈질기게 하고 있습니다. 한순간의 영웅과 같은 것에는 별로 끌리지 않는 유형이며, 계속해서 끈기 있게 하는 데에서 보람을 느끼는 쪽입니다.

'이제 이 부분에서 포기해야 할까'라고 생각될 때, '또 한 발을 내디딘다. 또 한 발을 내디딘다.' 그렇게 하는 동안에 힘든 단계를 지나서 궤도에 오르기 시작하는 셈입니다.

나 자신으로서는 이러한 것을 기쁘게 느끼고 있습니다. 별로 돌아보는 일은 없습니다만 '항상 한 발을 내디딘다. 매일매일 새로운 한 발을 내디딘다'고 생각하고 있습니다. 그런 축적입니다.

'이 세상에 주어진 목숨은 유한하다'는 것은 결정된 일입니다.

'이 유한한 목숨 가운데에서 무엇을 할 수 있는가? 이 세상에서 만들고 있는 하루하루라는 테두리 안에서 나는 무엇을 할 수 있는가? 오늘 하루는 합격점이었는가? 나로서 할 수 있을 만큼의 일을 할 수 있었는가'를 생각해서 진행해 왔으며, 앞으로도 그럴 생각입니다.

세간에서는 나 정도의 나이가 되면 이미 직장을 떠나서 유유

자적하게 살아가는 사람도 있을 것입니다. 그것도 정말로 고맙고 과분하며, 그리고 훌륭하고 괜찮은 인생이라고도 생각됩니다.

다만 나는 '생애 현역'을 해야 하므로, 장수할수록 계속 일하지 않으면 안 되는 상태가 예상되는, 대단히 어려운 환경에 처해 있습니다.

여러분에게는 편안히 보내는 기간이 기다릴지도 모르고, 현재의 일본 천황도 퇴위를 기대하고 있을 가능성은 있습니다. 확실히 80세가 지나서도 일을 계속한다는 것만으로도 힘들 것으로 생각됩니다.

하지만 종교가는 본래 '생애 현역'이므로, 목숨이 끝날 때까지 계속 일하지 않으면 안 된다고 생각하고 있습니다.

자기에게는 그런 재능이 없다고 생각해도
마음가짐으로 '길'은 열 수 있다

다른 사람이 자기보다도 뛰어난 재능이 있거나, 뛰어난 체력을 가진 경우가 많을 것입니다.

예를 들면 골프를 플레이하면 1라운드에서 7~8킬로미터는 걷거나, 축구 시합에서는 한 시합당 10킬로미터 정도는 달리겠지만, 그러한 것을 해낼 수 있는 사람은 그만큼 건강하다고 생각합니다.

만일 나에게 그 정도의 체력이 있다면, 고속전철로 이동하면서 역마다 내려서 한 지방을 강연하고 돌아다닐 수 있을 가능성도 있습니다만, 유감스럽게도 축구 선수만큼의 체력은 없습니다. 다만 글을 쓰거나 남들 앞에서 설법하거나, 결정을 내리는 부분에서는 지금으로서도 곤란한 일은 없는 상태입니다. 그렇지만 건강한 몸만들기나 공부, 일 등은 매일매일 꾸준히 하고 있습니다.

또 젊었을 때 '내 재능은 이 정도다'라고 생각했어도, 여러 가지를 이루어가는 동안에 '하나의 길'이 확장되면서 퍼져 가게 되면, 연결된 '다른 길'도 조금씩 열리게 되는 것입니다. 자기에게는 그러한 재능은 없다고 생각하던 것에 대해서도, 관심을 가지고 공부를 하거나, 타인의 활동 등을 보면서 하는 동안에 조금씩 '길'이 열리는 일이 있습니다.

이것은 참으로 신기합니다만, 이 나이가 되어도 해마다 '아직 이런 것을 할 수 있구나'라고 감사하는 일이 나오는 것입니다. 여기에는 놀람을 금할 수 없습니다.

50살을 지나고 나서도 새로운 능력이 생긴다

예를 들면, 조금 전에 말한 행복의 과학 다큐멘터리 영화 '마음에 다가간다'에서는, 같은 이름의 주제가 '마음에 다가간다'라는 곡이 사용되고 있습니다만, 이것은 내가 작사와 작곡을 한 것입니다. 내가 마이크를 들고 부른 원곡을, 더 잘 부르는 사람이 불러주고 있습니다.

하지만 나에게 이러한 재능이 있다고는 생각한 적도 없었고, 이러한 일을 하게 되리라고도 생각하지 못했습니다. 물론 아직도 나 자신을 작사와 작곡에서 프로라고는 생각하지 않습니다.

젊었을 때 여성에게 연애편지 대신 시를 써서 보냈던 정도는 되었습니다만, 거절당했던 결과로 보면 프로가 될 수 없는 수준이었다고 스스로 생각하고 있었습니다.

다만 몇십 년의 시간이 흐르고 보니, 영화 주제가나 삽입곡 등을 20분 정도로 작사할 수 있게 되었습니다. 그리고 마이크를 들고 5분 정도 노래를 부르면 단번에 곡이 만들어지게 됩니다.

그렇기는 하지만 미즈사와 유이치水澤有一 씨라고 하는 천재 음악가가 있어서 영화용으로 편곡해 주시므로, 그 과정 뒤에 실제보다 좋게 보이는 면도 다분히 있다고 생각합니다.

내가 한 작곡을, 음악의 천재는 나름대로 '이러한 악상을 가지고 노래를 부르고 싶은 것이구나'라고 알아듣고 해석하여 멋진 음악으로 바꾸어 주시므로, 만들어지고 나면 '내 생각대로입니다. 이런 것을 부르고 싶었습니다'는 식으로 됩니다.

나는 영화의 구상이나 각본의 초안 등도 만들고 있습니다만, 그것과 함께 '이러한 노래가 있으면 좋겠구나'라고 생각한 것을 삽입곡이나 주제가로도 만들고 있습니다. 그렇게 하는 동안에 하나의 세계관과 예술 공간이 만들어져 갑니다. 또 각본을 쓰는 능력, 혹은 배우나 가수 등 지금까지는 없었던 유형의 능력도 점점 나타나고 있습니다.

이러한 일을 하게 되리라고는 생각도 하지 못했습니다만, 이런 방면의 능력도 조금씩 나오는 중입니다.

매스컴 등에서 '책을 내는 것은 알지만, 음악은 대체 어디서 공부한 것인가'라는 말을 듣는 일이 있습니다만, 특별히 공부는 하지 않았습니다.

영화 제작을 하면서 여러 영화를 연구하고 음악도 듣는 동안에 '이러한 음악이 맞다', '이것은 맞지 않는다', '이러한 것이 좋겠다'라는 식으로 판단할 수 있게 된 것으로 생각합니다. 아마도 50세가 지난 이후에도 새로운 능력은 계속 만들어지고 있다고 생각합니다.

어학을 공부할 때는 귀로 듣고 기억하므로, 그것과 똑같이 음악도 귀로 공부하고 있는 것이겠지요. 따로 듣는 능력이 좋다고는 생각하지 않고, 기억력도 그다지 좋지 않은 편입니다만, 듣는 동안에 전체를 파악하는 느낌이 생기는 셈입니다.

그와 같이 대략적으로 되풀이하여 듣는 동안에 전체를 파악하는 능력이 생겼는지도 모르겠습니다. 그렇게 하면 신기하게도 음악 공간도 만들어지는 것입니다. 결코 재능이 있다고는 말할 수 없습니다만, 그러한 것이 만들어져 가고 있습니다.

03
강한 사람에게도 약한 사람에게도
행복을 주는 지도자란

타인의 능력을 알아보고 잘 해낼 수 있도록 만든 사례

현재 행복의 과학 그룹에서는 연예인도 양성하고 있습니다. 나 자신은 연예인을 한 적이 없으므로 다소 멋쩍은 생각이 없는 것은 아닙니다. 그래도 양성하고 있는 것은 사실이며, 아마추어였던 사람도 예능 활동을 할 수 있게 되었습니다.

예를 들면, 영화 '마음에 다가간다'의 출연자인 기지마 린希島凜 씨는 행복의 과학 학원 제3기생입니다.

이전에 면담할 기회가 있었을 때 '기지마 린 씨를 기용해서 다큐멘터리를 만들어 보지 않겠나'라고 나 쪽에서 아이디어를 내고 기획을 제안했더니 그것을 진행해 주었던 것입니다.

사람은 각각 다양한 능력이 있는 법이므로 '이 사람은 이런 것을 할 수 있는 것이 아닐까'라는 식으로 능력이 있는 것을 알아차리고, 그것을 발휘하도록 권해주고, 해낼 수 있게 이끌어주면 자신감이 생겨서 점점 프로가 되는 사람도 나타납니다.

이처럼 '사람을 양성한다'는 것은 정말 재미있고, 또 장래에도 기대할 수 있는 부분입니다.

다른 사람의 길을 열어 주기 위해 자기의 재능을 살린다

젊을 때는 다들 '자기를 성공하게 만들려면 어떻게 하면 좋을까'에 열중할 것으로 생각합니다. 나는 그것을 부정하지 않습니다. 그러한 시기는 역시 필요하겠지요.

다만 평생 자기만을 위한 인생을 살아서는 안 됩니다. 젊을 때는 공부를 하거나 운동을 하거나, 자기 만들기를 위해 여러 가지 활동을 하고, 제 몫을 하면서 세상에서 일정한 지위를 차지할 수 있게 될 때까지 열심히 한다는 것은 당연한 일이라고 생각합니다. 하지만 일정한 라인을 넘으면 '보답의 인생'이 되지 않으면 안 됩니다. '다른 사람에게 보답해 가지 않으면 안 된다'라고 느끼게 될 필요가 있을 것입니다.

이 과정에서 가장 어려운 것은 무엇일까요?

자기실현을 해나갈 때, 예를 들면 열심히 공부하거나, 운동하거나, 뭔가에 몰두해서 경쟁 속에서 이기고, 타인보다도 두드러지게 우수해서 인정을 받고 프로가 될 것을 목표로 하고, 그리고 직업이 성립하는 데까지는, 보통으로 누구나 생각하는 대로입니다. 다만 이러한 길을 걸어와서 프로가 되면서도, 그 가운데에서 자아아욕을 증대하지 않도록 하는 것은 극히 어려운 일이라고 생각합니다.

처음 얼마 동안은 그와 같은 것이 있어도 좋습니다. 하지만 성공하면 성공할수록, '나는', '내가'라는 자아아욕의 생각이 나오게 되면 차츰 '자기를 더 선전하고 싶다', '더 많은 사람들에게 알리고 싶다', '지위를 얻고 싶다', '돈을 벌고 싶다'라는 식으로 되기 쉽습니다.

그러한 위아僞我라고 말해지는 '가짜 자기'가 많이 만들어져서, 그것이 더 커질 것 같으면, 인생 후반은 조금 슬픈 면을 나타내게 됩니다.

따라서 힘들게 닦고 또 닦아서 만들어낸 자기라면, 역시 다른 사람을 위해 활용해 주면 좋겠습니다. '다른 사람을 위해 어떻게 자기를 활용할 것인가'라는 식으로 사고방식을 바꾸어 가십시오.

어디선가 그 자아아욕의 부분을 조금 억제하여 '자기가 다른 사람을 위해 할 수 있는 일은 없을까'라고 생각하는 방향으로 가야만 합니다.

다만 이것은 무척 어려운 일입니다. 대단히 어렵습니다. 종교 수행으로서도 아마 최후의 최후까지 남는 것이라고 생각됩니다.

그러한 '다른 사람을 위한 인생'에는 어떠한 삶의 방법이 있겠습니까? 그 하나는, 자기가 사회적으로 어느 정도의 지위나 수입 등을 얻거나, 일정한 나이가 되었다면, 다른 사람들에게 살아갈 도리를 제시해 주거나 '어떻게 하면 좋은 인생을 살아갈 수 있게 되는가'를 생각해 주는 일입니다. 그와 같이 다른 사람에게도 길을 열어 주도록 돕는 것이 중요할 것입니다.

'자아아욕의 리더십'에서부터 '무사의 리더십'으로

대개의 사람이, 처음에는 자기를 위해 다른 사람을 움직이게 하는 것만을 생각하는 법입니다. 자기를 위해 사람이 움직이면 '이것이 지도자다', '이것으로 지도자가 될 수 있다'라고 생각합니다만 그대로여서는 안 됩니다.

그것을 넘어서 진정한 지도자가 되려면, 역시 사람을 살리기 위해 '많은 사람이 각각 길을 열도록 하여, 본인들이 생각하는 이상의 길을 살도록 하려면 어떻게 해야 하는가'에 마음을 쓰고 고

심하지 않으면 안 됩니다. 그 가운데에서 진정한 지도자가 되어 가는 것입니다.

이렇게 해서 '자아아욕의 리더십'에서부터 '무사無私의 리더십'으로 옮겨가지 않으면 안 됩니다.

무사라는 것, 자기 안쪽의 '나'라는 것을 없애 가기란 정말 어려운 일입니다. 정말로 어려운 일입니다. 다만 그렇게 되려고 하는 뜻[志]을 가지지 않는 한에는 그렇게 되지 않을 것입니다.

어떤 잡지에 실렸던 기사에 일본의 마사코雅子 황태자비가 어려운 상황에 놓여 있는 사람들의 발표회를 듣고 눈물을 지었을 때, 미치코美智子 황후가 '우리는 공평무사해야 한다. 우리가 눈물을 흘릴 수밖에 없는 가슴아픈 이야기를 하는 분도 있지만, 그럴 때도 눈물을 보이지 말고 견뎌라'라고 말했다고 합니다. 나는 '거기까지 생각하는구나. 대단하구나'라고 느꼈습니다.

인간이라면 좋고 싫음도 분명하거니와 감동을 주는 것과 주지 않는 것의 차이도 크게 있을 것입니다. 그렇다고 해도 황실에 있는 분으로서, 국민을 대할 때 공정하고 공평하게 상대하려고 하는 마음을 가지려고 노력을 한다고 전해 듣고 '대단히 엄격하구나. 일은 어렵구나. 다른 사람 위에 서거나, 국민의 상징이 된다는 것은 대단히 어려운 일이구나'라고 느꼈습니다.

어떤 사람이어도 '혼에서는 평등'하다

행복의 과학에도 수많은 직원이 있습니다. 그 가운데에서, 조합에 따라서는 서로 좋아하거나 싫어하거나 하는 일도 있겠습니다만 하나의 이념 아래 협력하고 있습니다.

또 신자도 여러 사람이 모여 있습니다. 각각의 사람이 전부 잘 맞는 사람만 있는 것은 아닐 것입니다. 그래도 '하나의 이념 아래, 이 세상을 위한 일을 함께 추진할 수 있으면 좋다'라는 생각으로 와 있는 것이라고 생각합니다.

나도 어린 시절이나 학생 시절, 혹은 실제 사회에서 일하던 때에는 사람에 대해 좋고 싫은 마음이 생겨서 그것을 어떻게 하면 억제할 수 있는가에 대해 괴로워하였습니다.

상대와 입장이 대등하다면 의견의 차이가 있었다고 해도 '어떻게 하면 그 차이를 극복할 수 있을까'라며 서로 의견을 말할 수 있습니다. 또 높은 위치나 지위를 가진 입장에서 말한다면 제대로 의견을 말할 수 있습니다. 하지만 자기 쪽이 아래쪽에 있는 처지일 때는 의견을 말해도 제대로 들어주지는 않고, 아무래도 '욕을 하는 것이거나, 비판하는 것이거나, 말을 듣지 않는 것으로밖에 보이지 않겠구나'라는 생각이 들어서 괴로워했던 경우도 많았습니다.

다만 지금 이러한 일을 하는 가운데에서는 교단 내의 신자, 또 교단에 관심이 있는 사람들에 대해, 좋고 싫음을 명확히 드러내는 태도를 보이거나, 대응하는 모습을 보여주어서는 안 된다고 항상 생각하고 있습니다.

이 세상에서는 장애가 있는 사람에게 편견을 가진 사람도 있을 것이고, 실제로 회사에서 사람을 고용할 때, 직원이 많지 않은 곳에서는 건강하고 일의 회전이 빠른 사람 쪽을 선택하는 경우가 흔할 것입니다.

그렇게 이 세상적인 면은 있을지도 모르겠습니다만, 한 명의 종교가로서 사람과 상대할 때는, 언제나 '혼에서는 평등하다'라는 마음을 가져야 한다고 생각하고 있습니다.

예를 들면 지금 인도에는 13억 명이나 되는 사람이 있습니다. 그들도 모두, 사회가 풍요로워지고, 교육을 받고, 적당한 취업을 할 수 있으면, 훌륭해질 가능성을 가지고 있습니다. 하지만 현재 슬럼가에서 살고 있다면 그러한 기회는 좀처럼 주어지지 않을지도 모르겠습니다.

그런 의미로 지도자가 될 사람이 갖는 사명 중의 하나로는, 역시 '어떻게 해서 많은 사람에게 기회의 길을 열어줄 것인가? 기회가 많은 사회를 만들어 갈 것인가'라는 것도 있지 않겠습니까?

강한 사람에게도 약한 사람에게도 모두 마음을 연다

나는 강한 사람에게도 약한 사람에게도 모두 마음을 열고 싶은 바람이 있습니다.

일본에서 '강하다'고 말해지는 사람은 그다지 많지 않을지도 모르겠습니다만, 그것은 자기 힘으로 성공한 사람들일 것으로 생각됩니다.

그처럼 강한 사람들에 대해서는 "'덕의 중요함'을 말하고 싶다. 덕이 중요하며, 많은 사람을 이끄는 힘, 혹은 친절하게 대하면서 기르는 힘이 중요하다고 전하고 싶다. 약한 사람들을 위해서도 힘을 다하는 것이 중요하다고 가르치고 싶다. 그리고 '지도자로서의 여덕餘德이 없으면 그 장래의 발전은 없다'는 말도 해두고 싶다." 그렇게 생각하고 있습니다.

또 약자로 분류되는 사람들을 위해서 정치면에서는 '사회복지'라는 말로 일괄적으로 혜택을 주는 일이 많고, 실제로 그러한 것이 없으면 살아가기가 어려운 사람도 있습니다. 역시 소득의 분배가 이루어지지 않으면 살아갈 수 없는 사람들에게는 경제적 여유가 있는 사람들로부터 돈을 이동시키는 것도 필요한 정책입니다.

다만 수동적인 인생이어서는 안 됩니다. 여러 사람에게 지원을 받으면서 이 세상에 살고 있다는 증거를 만들어 가지 않으면 안 된다고는 해도, 그 가운데에서 '자기가 할 수 있는 일은 무엇인가'를 항상 생각해 주면 좋겠습니다.

소위 보시 등을 못하는 상황에 있다고 해도, 안시顏施(미소)만이라도 좋습니다. '몸을 자유롭게 움직이지 못한다. 말도 자유롭게 못한다. 그렇다면 미소라도 짓는다. 다른 사람에게 미소를 보인다.' 이것만으로도 훌륭한 일입니다.

그것은 처지를 바꾸어 보면 알 것입니다. 예를 들면 병원에 갔을 때, 간호사가 미소를 띠며 일하고 있는가 아닌가라는 것만으로도 상당히 다르게 느껴지지 않습니까? 미소 띤 간호사를 만나는 것과 벌레를 씹은 것 같은 표정을 한 간호사를 만나는 것과는 역시 다를 것입니다.

'어쩐지 대우가 나쁘구나'라고 느끼면 '내가 너무 오래 입원해 있어서 그러는 걸까? 병원에도 폐가 되고, 내가 침대도 오래 차지하고 있고, 나라 쪽도 재정적자가 계속되고 있으므로 일찍 죽어 달라는 걸까? 주사라도 놓아주면 간단히 죽을 수 있는데'라고 극단적인 생각까지 하는 사람도 있을지 모르겠습니다.

하지만 그렇게 생각하지 않았으면 합니다. 이 세상에서도 다른 사람을 돕는 쪽 입장에 설 때도 있는가 하면, 도움을 받는 쪽 입장에 설 때도 있습니다. 지금의 입장이 정반대가 될 때도 있는 셈입니다.

　오만한 인생을 사는 사람이라면, 가족 중에 그러한 것을 알아차리게 해주는 사람이 나타남으로써, 조금은 반성하지 않으면 안 되는 상황이 생길지도 모릅니다. 그럴 때는 '조금 멈추어 보면 어떨까'하고 생각하는 일도 많이 있습니다.

자기의 약함이나 괴로움을 '타인을 이해하는 힘'으로

　예를 들면 환자가 되면, 다른 사람들이 당연하게 생각하는, 인간으로서의 기본적인 존엄이 상실되는 부분도 많을 것입니다.

　하나의 예로서, 소변을 볼 때마다 도움을 받는 것이 창피하다고 해서, 언제나 채뇨採尿 가방을 튜브로 달고 움직이는 환자도 있습니다. 그것은 정말로 부끄러운 일이라고 생각됩니다. 당사자는 무척 괴로울 것입니다. 수고를 덜었다고 하면 수고를 던 것입니다만, 소변을 볼 때마다 번거로우므로 그렇게 하는 것입니다.

　또 '요강'과 같은 것을 사용하여 다른 사람에게 대소변의 시중을 들게 하는 것도 대단히 마음이 괴로울 것으로 생각됩니다. 그것은 사회적으로 왕성한 활동을 한 사람일수록 더더욱 괴롭고,

부끄럽게 느껴질 것입니다.

다만 인간으로서 많은 사람의 입장이나 감정을 이해하기 위해서는 그러한 경험도 중요합니다. 자기 자신이거나, 혹은 다른 사람이 그러한 경험을 하는 일도 있을지 모르겠습니다. 그것도 또 '자기가 인간으로서 진지하게 살고 있는가 아닌가? 예사로운 인간인가 아닌가'를 안다는 의미에서 대단히 중요한 일일 것입니다.

사람의 약함, 괴로움, 엄함, 슬픔, 이러한 사리를 잘 알지 못하고 지낸다면, 문학을 읽을 자격이 없다고 생각됩니다. 혹은 예술을 맛볼 자격도 없습니다.

그러한 감정이나 감성을 길러감으로써 많은 사람의 마음을 아는 인간이 되지 않으면 안 된다고 나는 생각하고 있습니다.

성공한 사람은 다른 사람들을 도와주고 보답을 하자

행복의 과학은 기본적으로는 성공 이론이 대단히 강하고, 자기 실현 이론도 아주 강하게 내고는 있습니다만, 그것으로써 자기중심적인 사람을 만들고 싶은 것은 아니고, 많은 사람을 보살필 수 있는 사람을 많이 만들고 싶은 것입니다.

나는 여러분이 자기를 닦아서 한층 더 노력함으로써, 평범한 사람이 평범함 이상의 일을 할 수 있게 되고, 평범함 이상의 사람이 우수한 일을 할 수 있게 되고, 우수한 사람이 천재적인 일을 할 수 있게 되는 길에 대해 말하고는 있습니다. 하지만 그것은 그 사람만으로 완결하는 것은 아닙니다. 그렇게 되었다면 주변 사람들에게 그 보답을 하는 것이, 정말로 중요하다고 가르치는 것입니다.

'연기緣起의 사상'이나 '인과因果의 이법理法'으로서 불교나 행복의 과학에서도 가르치는 '원인과 결과의 법칙'은 이 세상에서도 확실히 있습니다. 따라서 제대로 노력을 하면 그 나름의 결과가 나오는 일이 있는 셈입니다.

'뜻[志]'이 있고 '계속하는 노력'이 있고, 그리고 정신적으로 끝까지 인내하는 '인내력'이 있으면 '원인과 결과의 법칙'에 의해 반드시 성과는 나옵니다.

그렇다고 해도 이 세상에서 완결되지 않을 때는 저 세상으로 가지고 간다는 것도 있습니다. 사후에 평가받는 사람도 있으므로, 전부가 이 세상에서 완결한다고까지는 말할 수 없지만, 노력은 반드시 결과를 만들어냅니다. 이 노력을 일으키게 하는 것이 역시 '뜻'의 문제입니다.

인간은 혼으로서는 모두 평등하며, 모든 사람에게 행복해질 권리나 자격이 있습니다. 다만 여러 장벽이 있어서 그렇게 될 수 없는 사람도 많습니다. 그러므로 성공한 사람은, 될 수 있으면 그러한 사람들을 도와주는 힘을 가져주면 좋겠다고 바라고 있습니다.

지금 행복의 과학도, 성장하면 여러 가지로 관련된 일도 할 수 있게 되어 있습니다. 장애인 지원을 하거나, 자살 방지 캠페인이나 등교를 거부하는 아이에 대한 지원 등도 하고 있습니다.

일률적인 활동만으로는 아무래도 거기서 뒤떨어지거나, 밀려나거나 하는 사람도 나오므로, 그러한 다양한 사람들을 받아들이려면 활발한 활동도 필요한 것입니다. 그 때문에 종교법인 쪽에서 못하는 부분에 대해서는 NPO(비영리) 활동 등을 통해서 신자가 자주적으로 다양한 활동을 하고 있는 것입니다.

04

한 사람의 인생에서부터
새로운 나라를 만들기까지

행복실현당 9년의 활동으로 지방의원을 다수 배출하다

행복의 과학 그룹에서는 정치 분야에서도 9년 정도 활동하고 있습니다만, 실적으로서는 아직 충분하지 않습니다. 지금 행복실현당의 지방의원이 많이 나오고는 있습니다만(2018년 10월 시점에서 공인의원 21명), 이것은 한층 더 끈기 있게 해야만 한다고 생각합니다.

지방의원이라도 전국에서 상당한 수를 내놓게 되면, 적극적으로 정치 활동을 하는 상태는 됩니다. 국정까지 나오려면 선거 기간인 2주일 정도를 활동하는 것만으로는 상당히 힘듭니다. 지반을 가진 사람이 상당히 많으므로 그리 간단한 일은 아닙니다. 역시 정치 활동이 일상화되는 지방을 많이 만들어 감으로써 기초

층이 늘어난다고 생각하고 있습니다.

지금까지는 아직 종교로서는 투표 행동에까지 결부되는 활동이 충분히 되어 있지는 않습니다. 다른 종교단체에 대해서 들어보면, 역시 전문적으로 정치 활동을 하면 보통은 신자 수의 10배 정도의 표는 얻을 수 있다고 말하고 있습니다. 아마 그럴 것입니다.

행복의 과학도 이전에는 내부에서 입후보자를 내지 않고, 보수 계통 의원 등을 지원하던 시기도 있었습니다.

예를 들면 도쿄의 어떤 선거구에서 자민당이 신인新人 후보를 내려고 했었지만, 다른 공인 후보도 세웠기 때문에 그대로 가면 낙선하게 되는 상황이 있었습니다. 그래서 지금 총리대신을 맡은 분이 행복의 과학에게 '이 후보자는 지원단체가 전혀 없지만, 나는 통과시키고 싶다. 힘들겠지만 응원해 주지 않겠는가'라고 부탁하러 왔습니다.

그 신인 후보는 애초 20~30만 표밖에 얻지 못할 것으로 예상되었습니다만, 행복의 과학에서 응원했더니 약 69만 표를 얻어서 당선되었습니다. 결과적으로는 자민당 공인 후보를 이겼던 것입니다.

그밖에도 지사知事 선거에서 행복의 과학이 응원한 사람이 약 100만 표를 얻은 일도 있었습니다. 이름은 말하지 않겠습니다만,

예전에 검도부였던 나처럼 '청춘의 검도'를 했던 사람이 출마할 때 후원하는 단체가 없어서, 행복의 과학 도쿄 정심관正心館과 총본산 미래관未來館에 '부탁합니다'라고 머리를 숙이며 정중하게 부탁하고 다녔습니다만, 대체적으로 호감이 가는 분이었다고 생각합니다.

지원단체가 어디에도 없다는 그분에게 '그러면 행복의 과학에서 지원할까요'라고 말하고 응원했더니 약 100만 표를 얻었습니다.

다만 행복실현당에서 직접 후보자를 내게 되자, 세간의 태도도 달라지는 것입니다. '괜찮을까? 이 사람, 괜찮을까? 정말 괜찮을까?'라는 인식이 작용하여 평상시 활동하던 때와는 전혀 달라졌습니다.

어쨌든 행복의 과학의 경우는 다른 종교단체가 '이 정도의 표를 얻을 수 있다'라고 말하는 것과는 약간 다른 면이 있습니다. 만일 전국에서 기존 정치가를 응원할 경우, 지금까지의 실적으로 보면 아마도 1,000만 표를 넘을 수도 있습니다.

하지만 내부 신자를 후보자로 세워서 당선시키려고 하면, 유감스럽게도 지명도가 낮아서, 이미 당선한 적이 있는 사람이 가진 암반과 같은 강함을 이길 수 없는 상황입니다. 분명히 말하면, 행복의 과학 내부 사람이어도 그 후보자를 모를 수가 있습니다. 교단 내에서 지명도도 없고, 교단 외의 지명도도 없으므로, 응원하고 싶어도 '이 사람은 누구인가?'라는 식이 되어버린 것이 겠지요.

앞에서 서술한 기지마 린 씨라고 해도, 만일 사회 등을 자주 맡아서 전국을 돌아다니면 인지認知는 되겠지만, 한 지역에서만 활동하고 있으면, 다른 곳에 가더라도 지명도는 얻을 수 없습니다. 그러한 일은 있을지도 모르므로 아직도 시간은 걸린다고 생각하고 있습니다.

그동안에 행복의 과학이라고 하는 곳이 '어떠한 사고방식을 가지고 일본이라는 나라의 사람들을 이끌려고 하는가'를 알리는 것이 중요하다고 생각합니다.

'행복의 과학을 배우면 나라를 다시 만들 수 있다'고 말한 외교관들

우리가 이끌려고 하는 것은 일본만은 아닙니다. 이전에 두 명의 터키인이 새롭게 행복의 과학 신자가 된 이야기가 행복의 과학 포교지(월간 '행복의 과학' 2018년 2월호)에 실렸었습니다. 지금 터키는 정치적으로 혼돈 상태이며, 전쟁과 전란도 있어서 상당히 좋지 않은 상황이 되고 있습니다.

그들이 배운 것은 영어로 번역한 가르침이라고 생각됩니다만, 행복의 과학 가르침을 알고서 '이것이야말로 터키에 필요한 가르침이다'라고 말하는 것 같았습니다. 나도 '역시 그렇구나'라고 느꼈습니다.

이전에 아프리카 사람도 같은 말을 하고 있었습니다. 콩고에서 외교관으로 온 사람이 행복의 과학에서 발간한 책을 읽고 공부하여, 때때로 강연회에도 왔던 것 같습니다만, '행복의 과학 가르침이 있으면, 우리나라도 메이지 유신을 일으켜서 다시 만들어 갈 수 있다'라고 생각한 것 같습니다.

그러한 반응은 다른 나라 사람이어도 마찬가지입니다. 우간다나 베냉 공화국 등의 사람도 그렇고, 이란 사람도 그러한 말을 하고 있습니다.

다만 이슬람교 나라인 이란 등에서는 공식적으로 '행복의 과학 신자'라고 말하면 사형을 당할 염려도 있어서 말하기 어려운 면도 있습니다만, 공부하는 모임 형태로 퍼져 가고는 있습니다. 현재까지도 100명 정도 신자가 있는 것으로 알고 있으며, 현지에서의 강연회 개최도 희망하고 있다고 들었습니다. 그렇다고는 해도 이란에서는 하나의 신앙밖에 가져서는 안 되게 되어 있으며, 개종하면 사형을 당하게 되는 무서운 규정도 있으므로 쉽게 개최

하지 못하고 있습니다.

한편, 행복의 과학은 다른 어떠한 종교에 들어간 사람이어도 신앙할 수 있게 되어 있습니다. 그 의미로 행복의 과학은 실로 좋은 종교라고 말할 수 있을지도 모르겠습니다. '행복의 과학은 모든 종교를 전부 통합하는 종교이므로, 부디 들어오십시오'라는 말을 할 수 있는 것입니다.

그와 같이 이슬람교도를 그만두지 않아도 행복의 과학에 들어올 수 있다는 의미에서는 고마운 면이 있으며, 그들도 편안하게 공부를 할 수 있는 셈입니다.

나한테 아라비아어로 된 《코란》이 우송되는 일도 있습니다. 인생에 여유가 있으면 아라비아어도 숙달하고 싶다고는 생각합니다만, 일본어와 같은 정도의 수준까지 되기는 매우 어렵다고 합니다. 더군다나 세계에서 가장 어려운 언어 중 하나이므로, 좀처럼 거기까지는 가지 못할지도 모르겠습니다.

05
정열이 식지 않도록 유지하는 방법

삼십여 년 동안 세계 100개국 이상으로 퍼진 조직

이상으로 여러 가지를 서술해 왔습니다. 행복의 과학 가르침 중에는 정치, 경제, 종교, 문화, 예능, 교육, 그 밖에 여러 가지 것이 모두 들어있습니다. 여러 외국 사람들이 말하는 것처럼, 이것을 그대로 배우면 '나라를 만들려면 어떻게 하면 되는가'를 전부 알 수 있는 것입니다.

그 의미로는 행복의 과학 신자 여러분도 좀 더 자신을 가져주기 바랍니다. 그리고 자신을 가질 수 있으면 '더 퍼뜨려도 된다'는 마음이 되어 주십시오. 일본 안에서 정열이 높아져서 이 가르침을 퍼뜨릴 수 있으면, 외국에도 퍼뜨려 가는 힘이 생길 것입니다.

역시 100개국 이상에 전도하기는 상당히 힘든 일입니다. 그것은 참으로 힘든 일입니다. 생활 수준도 상당히 차이가 있고, 수입은 일본의 100분의 1 정도밖에 안 되는 나라도 많으므로, 채산探算은 그리 간단히 맞을 리도 없습니다.

또 장소에 따라서는, 예를 들면 인도나 네팔 등에서 세미나나 강연회 등을 하면, 그 후 입식立食 파티를 열어야 하는 습관이 있는 곳도 있습니다. 그러한 곳에서는 반드시 내 설법을 듣기 위해 오는 사람만이 아니라, 음식이 제공되는 것을 노리고 오는 사람도 많으므로, 좀처럼 채산을 맞출 수 있는 상황은 아닐 것입니다.

그 때문에 ODA(정부개발 원조)와 같은 일을 하는 기분이 될 때도 있지만, 어쨌든 설법을 듣게 해주어야 하므로, 처음에는 그 정도라도 어쩔 수 없다고 생각하고는 있습니다. 이윽고 그 나라 신자들이 독자적으로 채산이 맞는 경영을 할 수 있도록 하고 싶다고 바랍니다만, 거기까지 할 수 있게 되려면 많은 시간이 걸릴 것입니다.

지난 삼십여 년 동안의 활동을 통해서 나는 '행복의 과학은 더 가능성이 있고, 더 많은 사람에게 알려져야 하는 종교다'라고 생각합니다. 그리고 '행복의 과학은 세계 사람들을 구할 수 있는 종교다'라고 생각합니다. 따라서 신자 여러분은 부디 새롭고 커다란 물결을 만들어가 주십시오.

하루에 한 번 누군가에게 '훌륭하네요'라고 말할 수 있는 사람이 되자

이 활동에서는 열정이 많은 것은 정말 좋은 일입니다만, 동시에 쉽게 식어서는 안 됩니다. 열정이 식지 않도록 서로 노력해서 만들어 주기를 바랍니다.

'열정이 식기 시작했다! 힘내라! 더, 더, 더! 좀 더, 좀 더, 좀 더. 올해 마지막까지 열심히 하자. 그리고 내년에도 또 열심히 하자' 라는 식으로 부디 서로가 떠받치면서 정열이 식지 않도록 유지할 수 있는 방법을 만들어 주십시오.

그것을 위해서는 서로 '훌륭하네요'라고 말할 수 있는 관계를 만드는 것이 중요하다고 생각합니다. 하루에 한 번이라도 좋으므로, 누군가에게 '훌륭하네요'라고 말할 수 있는 사람이 됩시다.

역시 다른 사람으로부터 그러한 말을 듣게 되면 의욕이 나는 법입니다. 누구나 그렇지 않습니까?

본인도 아직 잘 모르는 사람한테서 '당신은 훌륭하네요'라는 말을 듣는다면 의욕이 솟아날 것입니다. 그렇다면 자기 쪽에서도 말할 수 있도록 노력합시다. 그렇게 되면 뜨거워지기 쉬운 곳만이 아니라, 식기 쉬운 곳에도 불이 붙어서 "오늘도 '훌륭하네요' 라는 말을 들었구나. 열심히 해야겠다"라는 기분이 드는 것이 아니겠습니까?

　부디 그 '힘'과 '용기'를 만들어 내는 자동 시스템을 개발해 주십
시오.

힘차게 인생을 걷기 위한 '네 가지 힘'

'지력', '체력', '기력'이라고 하는 이들 세 가지는 전부
긴밀한 상관관계가 있습니다.
요컨대 '체력의 쇠약'은
'기력의 쇠약'으로 이어지는 것입니다.
또 '체력의 쇠약'은 '지력의 쇠약'으로도 이어집니다.
그리고 지력이 모자라면 기력 쪽도 연달아 떨어지는 것입니다.

악령[1] 등과 싸울 때도
역시 '염력念力'이라는 것이 대단히 필요합니다.
이 염력의 기초가 되는 것은 '지력'도 당연히 포함됩니다만
'지력', '체력', '기력', 이 세 가지로부터 오는 것입니다.

특히 '체력'이 중요합니다만, 그 가운데에서도 특히 근육질의 체력을

---

1) 악령 : 천국으로 돌아가지 못했거나 성불하지 못한 영이나 지옥령을 총칭하여 '악령'이라고
부른다. 그 가운데에서도 강렬한 원념을 가진 복수심이 강한 영을 '사악한 악령'이라고 하
며, 나아가 흉악하고 적극적인 의도를 가지고 타인을 파멸하게 만들고 불행하게 만들려고
획책하는 영을 '악마'라고 말한다.

가지고 있지 않으면, 염력은 대단히 나오기 어렵습니다.

염력을 내려면 근육질의 체력을 갖는 것이 필요합니다.

이것이 영장애靈障碍가 되기 어려운 사람의 특징입니다.

그러므로 몸을 잘 단련해서 근육을 유지하는 것이 중요합니다.

여기서부터 힘이 나옵니다.

그리고 악령을 격퇴하는 염력이 나오는 것입니다.

인간관계의 괴로움은 '인생 문제집'이다

지금 당신 인생의 행복과 불행을 나누는 것은
당신 주변에 있는 사람, 당신과 인연이 있는
20명이나 30명 정도의 그룹 사람들이며
그 가운데에서 여러분의 행복과 불행은
아마 결정될 것으로 생각됩니다.

그 사람들은 실제로 이 세상에서 당신이
'꼭 만나야 해서 만난 사람'인 경우가 대단히 많은 셈입니다.
당신이 인생 수행을 할 때, 무슨 일이 있어도 필요해서
어떤 때, 확실하게, 반드시 한 번은 만나도록 짜여 있는
인연이 있는 사람이 있는 것입니다.
그 가운데에는 당신에게 상냥하게 대해 주는 사람도 있고
뭔가를 엄격하게 가르쳐 주거나, 시련을 주는 사람도 있습니다.
하지만 반드시 만나야만 하는 사람이 있는 것입니다.

이것이 어떤 의미로의 '인생 문제집'입니다.

'당신의 문제집으로서 이 사람과 이 사람을 만나지 않으면 안 된다.
그리고 과거세에서 미뤘던 과제를, 금생에 해결하지 않으면 안 된다'
라는 것이 있습니다.

예를 들면 '과거세에서 원래는 사이가 좋은 관계였거나
부모와 자녀나 형제, 부부이거나 했는데도
인생 도중에 대단히 사이가 나빠져서 증오를 낳았다'라는 경우
금생에서는 이전과는 다른 관계로 만나서
'이번에는 어떻게 될 것인가'가 시험당하는 셈입니다.

이처럼 사랑하거나 미워하거나 하는 애증 관계의 문제가 나올 때
더구나 그것이
당신 인생에 깊은 영향을 주는 상대일 경우에는
대개 과거세에서부터 온 '신神의 구조'로서
그것이 인생 문제집 안에 들어있는 일이 많습니다.

지금 자기가 직면한 괴로움에 대해서는
'어쩌다가 운이 나빴던 탓이다' 등으로 생각할 것이 아니라

'자기에게 주어진 문제집 중 하나다'
라고 생각하는 쪽이 좋습니다.

필연적으로 그렇게 되어야 해서 된 것이
대단히 많다는 것을 알아주셨으면 합니다.

청동의 법

청동의 법

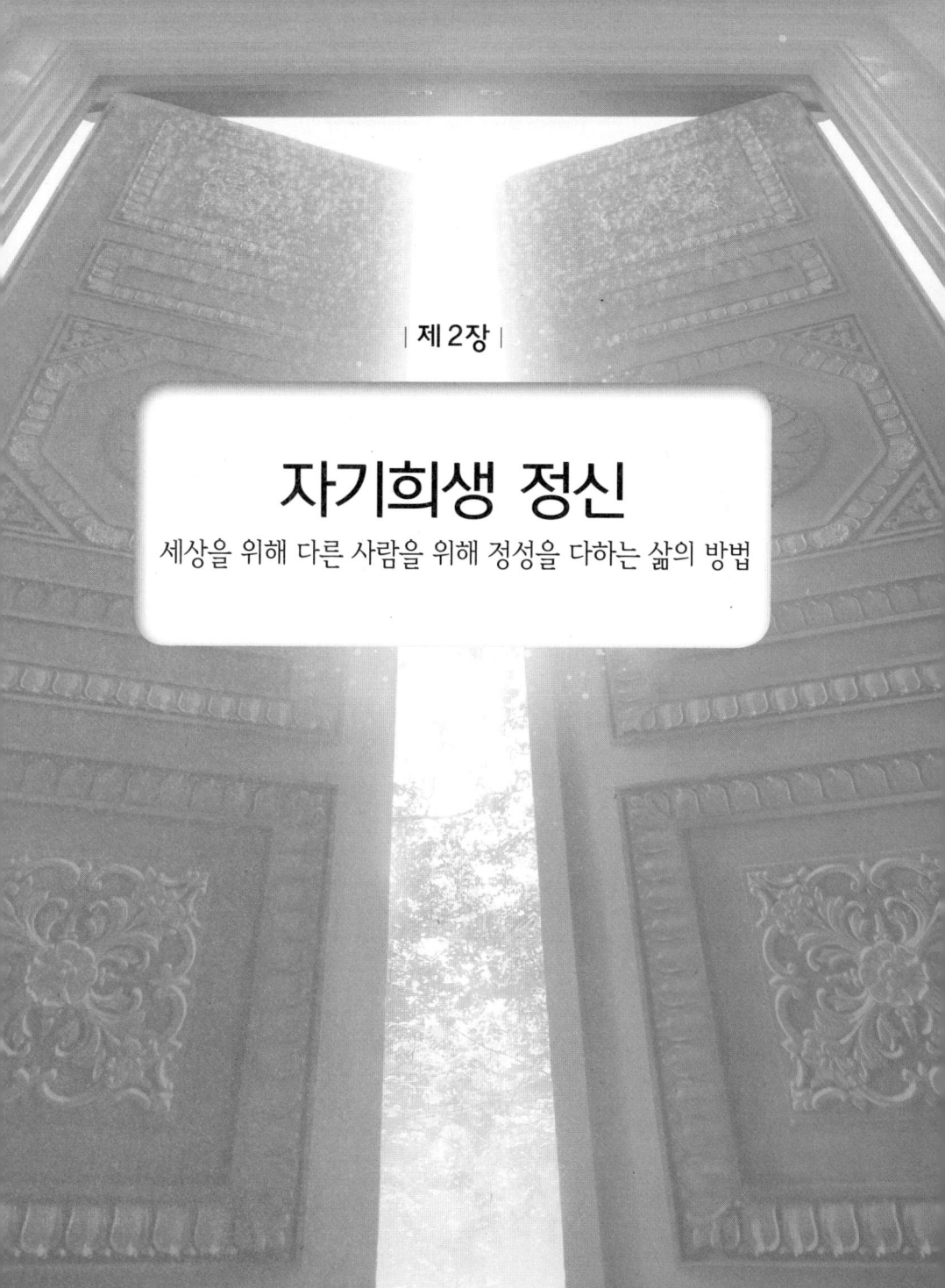

| 제 2장 |

자기희생 정신

세상을 위해 다른 사람을 위해 정성을 다하는 삶의 방법

01
권리만 부르짖는 세상에서 상실된 미덕

종교적 정신을 가진 사람에게 공통으로 나타나는 '자기희생 정신'

본 장에서는 종교적인 마음의 한 측면인 '자기희생 정신'에 대해 말해보고자 합니다.

노인이 같은 말을 되뇌는 것처럼 들린다면 대단히 한심한 일이라고 생각됩니다만, 최근의 젊은 사람들을 보고 있으면 '아무래도 자기희생 정신과 같은 것을 모르는 것이 아닐까'라고 생각되는 일이 자주 있습니다.

일본 헌법도 그렇고 현대교육도 그렇습니다만, 기본적으로 인간의 권리를 주장하는 방법을 열심히 가르치고 있습니다. 그리고 '그것을 획득하는 것은 더욱 민주화한 자유로운 세계, 그러한 미래에 가까워지는 것이다'라고 가르치고 있다고 생각됩니다.

물론 행복의 과학이 가진 사고 중에도 그러한 것은 들어있으므로, 그것을 부정할 마음은 없습니다.

그렇지만 역사상의 종교가나 종교적 정신을 가진 분들의 인생을 보는 한, 공통으로 말할 수 있는 것은 '모든 분들에게 많고 적음의 차이는 있어도, 자기희생 정신을 가지고 계셨던 것은 아닐까'라는 점입니다.

현대에서도 이것을 알 수 없게 되었기에, '종교란 무엇인지를 알 수 없게 되었고, 종교적 인격도 알 수 없게 되었고, 종교가 하는 다양한 구제 활동의 의미도 알 수 없게 된 것이 아닐까'라고 생각합니다.

이 '자기희생 정신'이 올바로 이해되고 있다면 종교가는 자기 일에 대한 긍지나 자신감이 솟아날 것이고, 종교를 믿는 사람들도 종교를 숭앙하는 마음, 그것을 고귀하게 여기는 마음이 솟아나서, 진심으로 공경하는 마음도 저절로 우러나올 것이라고 생각합니다.

자연계의 '자기보존 법칙'에 거역해서 살았던 사람들

어쨌든 '권리만 부르짖는' 세상입니다.

'상대가 권리를 주장해 오는 이상, 이쪽도 권리를 주장하는 논쟁을 벌여서, 마지막으로 재판까지 가게 되어도 거기에서 이긴다'는 것도 근대적 지성의 활동임은 사실일 것이고, '치고받는 싸움이 법정 투쟁 등의 논의로 바뀌어 가고 있다'라고 하면 그럴지도 모르겠습니다.

그것을 '무효다', '전적으로 쓸데없다'라고 말할 생각은 없습니다.

자연계에서도 강한 동물이 살아남고, 약한 동물이 먹이가 되는 것처럼, 인간계에서도 싸움에 강한 자가 살아남고, 약한 자가 멸망해 가는 것은 '도태의 원리'로서는 당연할지도 모르겠습니다.

그런데 역사상에는 '시대의 흐름에 역류해서 사는 사람'이 때때로 나옵니다. 이것은 정말로 이상한 일입니다.

그러한 사람은 동시대 사람들에게도 좀처럼 이해받지 못하는 면은 많습니다만, 자기희생 정신은 자연계의 법칙에 거역하고 있는 것입니다.

이 세상에 태어나서 사는 인간뿐만 아니라, 동물도 식물도 그렇다고 생각합니다만, 전부 '자기를 지킨다'는 것을 중심으로 하고 있으며, 그것으로 생활이 성립되어 있습니다.

자기를 지키는 것을 중심으로 생각하여 '자기를 지키려면 다른 사람이 희생되어도 어쩔 수 없다'는 생각이 기본적으로 있습니

다. 그것은 '자기 이외의 존재를 먹어서라도 자기는 살아남는다'
는 것일까요? 그렇게도 말할 수 있습니다.

나는 다이에의 창업자 나카우치 이사오中内㓛 씨의 전기를 다룬
다큐멘터리 프로그램을 본 적이 있습니다.

그 가운데에서 나카우치 씨가 저널리스트에게 '전쟁으로 남방
전선에 가 있었을 때, 가장 무서웠던 것은 무엇이었다고 생각하
는가'라고 물었습니다. 그 저널리스트는 '물론 총탄이겠지요. 총
탄을 맞아 적병에 의해 죽임을 당하는 것이 가장 무서웠겠지요'
라고 답하고 있었습니다.

그랬더니 나카우치 씨는 "그렇지 않다. 옆에서 자는 일본인이
무서웠다. '내가 먼저 자면 죽임을 당할지도 모른다'는 마음이 있
었다"는 식으로 말하고 있었습니다. 요컨대 '자기가 먹이가 될지
도 모른다'는 공포를 느꼈던 것입니다.

'전쟁 중에는 어느 종류로든 지옥이 있다'는 것은 사실일 것으
로 생각되고, 인간에게는 자기가 살아남기 위해 마지막에는 동료
도 잡아먹는 잔인한 면이 있는지도 모르겠습니다. 그러한 사건
은 예전에도 있었고, 극영화가 된 것도 있습니다.

하지만 그러한 자연계의 법칙인 '자기보존 법칙'에 거역해서
사는 사람들도 있는 셈입니다. 그러한 사람들에 대해서도 역시
사람들은 잊지 않으리라 생각합니다.

02
자기희생에 살았던 위인들 ①
신념을 굽히지 않았던 소크라테스

영능력자였던 '철학의 원조'의 일

'철학의 원조'라고도 말할 수 있는 소크라테스는 '청년을 속인 죄'와 '신을 모욕한 죄'가 물어졌습니다.

당시에는 현재의 국회와 배심원에 의한 재판소를 겸한 것으로, 몇백 명의 사람들이 참가하여 재판을 열었다고 봅니다.

소크라테스는 '청년들을 속였다'고 고발당한 것입니다만, 그는 '산파술産婆術'이라고 하는 철학 논의를 하며 '자기는 사람들이 원래 가지고 있는 지식, 지知를 깨우치게 하기 위한 산파 역할을 하는 것에 지나지 않는다'라고 말하고 있었습니다. 그리고 '대화 수법으로 논의하는 상대의 잘못을 지적하고, 생각을 바꾸게 만든다'는 것을 하고 있었습니다.

그 논의 속에는 당시의 유명인, 지식인에 해당하는 사람들을 모욕하는 내용이 상당히 있었고, 소크라테스는 당시의 그리스 아테네의 통설에 해당하는 기준에 어긋나는 말도 하고 있었습니다.

또 그는 당시의 전통적인 신이 아니라 '다이몬'이라고 하는 자기 수호신, 수호령守護靈이라고 하는 존재의 말을 듣고 있었습니다. 그는 영능력자였던 것입니다.

그 수호신은 '이것을 해라', '저것을 해라'라고는 절대 말하지 않고 '이것을 해서는 안 된다'는 말만 하고 있었습니다. 따라서 수호신이 아무런 말도 하지 않으면 스스로 자유롭게 결정을 내려도 되었습니다.

이것은 마치 근대 경제학자이면서 철학자였던 하이에크의 사고방식2)과 같습니다.

하이에크는 '자유'의 영역을 넓히고 "법률은 '이것을 해서는 안 된다'는 것만을 정하고 있다. 즉, 법률이 정하지 않은 것에 대해서는 자유롭게 해도 좋다. 법률이 정해지지 않은 것에 대해서는 자유롭다. 법률은 자유를 막는 최소한의 부분이다"라는 식의 말을 하고 있었습니다.

---

2) 하이에크의 사고방식 : 행복의 과학 영적 조사에 의하면 하이에크의 과거세 중 하나는 소크라테스임이 밝혀졌다.

소크라테스에게도 그러한 면이 있어서, 그의 수호령은 '해서는 안 되는 일'에 대해서는 말했습니다만 '이렇게 해라', '저렇게 해라'라고는 말하지 않았습니다.

소크라테스는 그 재판 과정에서 '소크라테스의 변명'이라고 말해지는 유명한 반론을 제기했습니다.

그와 같은 역사적이면서 2500년이나 전해지는 변론을 했음에도, 민중이 '황송합니다. 졌습니다'라고 결론이 나지 않고, 유죄를 찬성하는 표 쪽이 많아서 유죄 판결이 내려졌습니다.

게다가 '사형에 처할 것인가 아닌가'를 정하는 단계에서는, 소크라테스의 변론을 듣고 민중은 더욱 격앙하여 '이러한 반론을 하는 사람은 용서할 수 없다'는 유죄 찬성표만 더 늘어나는 결과를 초래하였습니다.

왜 박해를 받아도 신념을 굽히지 않았는가

다만 소크라테스는 바로 처형당했던 것은 아닙니다. 일 년에 한 번 열리는 축제가 있어서 그 기간에는 사형을 집행하면 안 되므로, 그동안 감옥에 방치되었습니다.

그 때문에 제자들이 획책하여 옥지기를 매수해서 소크라테스를 도망가게 하려고 했습니다만, 감옥을 열어주어도 그는 도망치지 않았습니다.

그는 당시의 아테네 법을 '악법이다'고 생각했습니다만 "악법도 법이다. 철학을 설하고 진리를 설한 사람인 나 자신이 '법을 어겨도 좋다'는 것을 몸소 보인다면, 후세에 법을 어기는 사람이 속출하여 막을 수 없게 될 것이다. 악법도 있지만, 인간이 만든 것에 완전한 것은 없기에 '악법이다'고 생각했다면 그때 변경하면 되는 것이며, 만들어진 법을 따르는 것은 인간의 의무다"라고 생각했던 것입니다.

그리고 자기의 수호신이 '도망쳐라'라고 말하지 않았으므로 '여기서 죽어야 할 운명이다'고 생각하고, 침착한 모습으로 독이 든 당근주스를 마시고 죽어 갔습니다.

당시 그의 두 번째 아내와의 사이에는 어린아이가 있었는데 '다섯 살 정도의 아이도 있었다', '젖먹이도 있었다'라고 하므로, 감옥에서 도망치지 않고 죽는다는 것은 가장인 남편으로서의 의무를 포기한 것이 됩니다.

하지만 그것보다도, 법치국가로서 기능하기 시작한 아테네의 제도를 지키려고 했는지도 모르겠습니다. 또 민중이 다수결로 자기를 죽을죄로 결정한 이상 도망치는 것은 옳지 않다고 생각했는지도 모르겠습니다.

그러한 형태로 죽어 간 분이 있었습니다.

당시 제자였던 플라톤은 소크라테스가 죽을 때는 아직 20대 후반 정도였다고 생각됩니다. 그 후 플라톤은 열심히 대화편을 써서 '소크라테스가 얼마나 위대했는가'를 계속해서 알렸습니다. 어디까지가 실제로 들은 것이고 어디까지가 창작인지는 모르겠습니다만, 플라톤이 대량의 책을 써서 남김으로써 소크라테스의 위인상이 후세에 남게 된 것입니다.

03

자기희생에 살았던 위인들 ②
예수와 그 제자들이 죽음으로 제시한 가치

역사상 새로운 진리는 시대에 맞지 않고
박해당하는 일이 있다

그와 같이 새로운 진리를 설하면, 그 시대에는 맞지 않아서 박해를 받을 때도 있습니다. 하지만 그 박해를 감수하고 죽음으로써, 자기가 신념을 굽히지 않았다는 것을 실증하는 사람도 있습니다.

이러한 분은 역사상 많습니다.

미국은 일본인이 보면 자아自我가 강한 나라, 자아가 서로 충돌하는 나라로 보입니다. 자아를 만드는 것이 교육이라고 생각하는 면도 있고 '제 몫을 한다는 것은 자기를 지키고, 적을 공격하고, 싸울 수 있게 되는 것이다'는 부분도 교육 배경에 있다고 생각됩니다.

다만 그러한 미국이어도, 예를 들면 암살당한 사람들에 대해서는 존경하는 마음을 가지고 있습니다. 예를 들면 링컨 대통령은 미국에서 가장 존경받는 사람이고, 케네디 대통령도 그렇습니다. 킹 목사도 존경받고 있습니다.

암살당한 사람들은 왜 존경받고 신과 비슷한 추앙을 받기까지 하는 것일까요?

보통 인간이라면, 이 세상에서 자기가 장수할 수 있는 길, 자기가 오래 생존할 수 있는 길을 선택하는 것이 보통이고, 현명한 인간일수록 그러한 쪽으로 생각하여 '어떻게 책임을 지지 않고 잘 도망칠 것인가'를 생각하게 되는 것입니다.

그 가운데에 있으면서 '자기에게는 불리해지지만, 후세를 위해서는 길을 열어야만 한다'는 신념으로 자기의 몸을 희생해서라도 뜻을 관철하는 사람이 있습니다. 그리고 신념을 관철한 것의 대가로 암살을 당하는 일도 있습니다.

그 부분 때문에 후세 사람들은 존경하는 마음을 갖는 것입니다만, 그 사람 자신은 동시대에는 구제받지 못하는 일도 있습니다.

앵글로색슨 계통의 나라들 배경에 있는 자기희생 정신

자아를 확립하게 만드는 가르침으로 가득 찬 앵글로색슨 계통의 나라들이어도, 그 배경에는 '자기희생 정신'이 있습니다. 이것은 기독교에서 온 것입니다.

자기 권리를 주장해서 서로 논의하여 법정 투쟁도 불사한다고 하는 기독교 국가의 많은 사람도 기독교를 믿는 사람으로서의 자각이 있으며, 그 배경에는 2000년 전 예수의 일생이 있습니다.

물론 예수처럼 살 수는 없기에 예수는 신의 외아들이거나, 신 자체와 같은 식으로 말해집니다. 사람이 예수를 그렇게 생각하는 것은 그와 같은 삶을 자신들은 살 수 없기 때문입니다. 그 때문에 그러한 말을 하는 면도 있습니다.

예수의 일생에는 불가해한 것이 매우 많아서, 여러 가지 기적 같은 이야기를 빼고 생각해도, 마지막 사건에는 이 세상에서는 좀처럼 이해가 되지 않는 것이 많습니다.

다만 '예수가 환자를 고쳤다'는 것은 종교적인 현상으로 보는 한 사실이라고 생각해도 좋을 것입니다. 행복의 과학을 보아도, 혹은 지난 100년 남짓의 여러 종교를 보아도 '병을 고치는 일'은 일어나고 있으므로, 세계적으로 2000년이나 넘은 종교의 개조開祖인 예수가 '병 고치기'를 못했다고는 생각되지 않습니다.

어떤 사람은 한센병이 고쳐졌고, 어떤 사람은 보이지 않는 눈이 고쳐졌습니다. 또 어떤 사람은 죽어서 천으로 둘둘 감겨서 동굴 안에 매장되어 있었는데도, 예수가 '라자로여, 나와라'라고 했더니 부활해서 동굴로부터 걸어 나왔습니다. 그러한 기적도 예수는 일으켰던 것입니다.

예수는 이러한 '기적의 사람'이며, 그만큼 신의 힘을 실증한 분이기도 합니다. 당시 그것을 알고 있었던 사람은 많았습니다.

그런데 막상 위기가 닥쳐오자 그를 따랐던 몇천 명의 군중은 최후에는 그를 저버렸습니다. ≪성서≫에는 이것이 정말 비극적인 상태로 묘사되고 있으며, 종교적인 정신을 이해하지 않으면 알 수 없는 부분도 있습니다.

예수의 마지막은 당시의 수도인 예루살렘에 들어가는 것입니다만, 이것은 ≪구약성서≫ 속에 있는, 예수보다 1000년 정도 전의 예언(이사야서)에 쓰인 대로 실현하려고 했던 것입니다.

≪구약성서≫에는 "신의 자녀가 태어난다. 그는 당나귀를 타고 '호산나(구해 주소서), 호산나'라는 말을 들으면서 수도에 들어갔지만, 최후에는 십자가에 매달아져서 죽는다"는 당시로부터 약 1000년 전의 예언이 적혀 있었습니다.

예수는 '그러한 예언을 성취하지 않으면 안 된다. 자기가 그 사람이기 때문에'라는 신념을 가지고 처형당하는 것을 알고 있으면서, 또 제자들에게 그러한 것을 예언하면서 일부러 붙잡혀서 예루살렘으로 들어간 것입니다.

그때 열두 제자 중 한 명(베드로)이 '스승님, 그만두십시오. 지금 예루살렘에 들어가면 붙잡혀서 죽임을 당할 테니까, 그만두십시오'라고 말해도, 예수는 '사탄이여, 물러나라!'라고 말하며 격렬하게 그것을 뿌리쳤습니다.

그렇다고는 해도 베드로는 정당하게 스승의 목숨을 지키려고 해서 말했던 것이므로, 예수가 베드로에게 말한 '사탄'이라는 말은 너무 심했을지도 모르겠습니다. 다만 예수는 자기의 신념에 혼란을 일으키게 하는 사람에게는 매우 엄하게 질책했던 것으로 생각합니다.

예수의 최후에 나타난 두 가지 일화에서 전하는 참뜻이란

한편 제자 중에서도 '열두 제자'란, 몇천 명 있었던 군중 가운데에 선택된 사람이었습니다만, 그 가운데에도 좀처럼 믿지 못하는 사람도 있었고, 이 세상의 기준으로 봤을 때 실패한 사람도 많이 나왔습니다.

예를 들면 교단의 회계 담당을 하던 '유다의 배신' 등도 그렇습니다. 유다가 예수를 배신한 이유에 대해서는 여러 설이 있습니다만, 회계 담당으로 볼 때 예수의 삶의 모습 속에 석연치 않은 점이 있었던 것이겠지요.

이것은 본사 경리부가 그룹 내의 다른 회사 활동을 인정하지 않고 조목조목 따져서 '이건 안 된다'라고 말하는 것과 비교적 가까울지도 모르겠습니다. 예를 든다면 다음과 같은 일이 있었습니다.

당시 예수를 사랑한 여성들은 많이 있었습니다만, 그 가운데에는 '마리아'라고 하는 사람이 몇 명 나옵니다. 그 때문에 잘 알 수는 없습니다만, 막달레나 마리아라고 간주되는 사람이 어느 날 '향유, 향기를 포함한 고가高價의 기름을, 자기의 긴 머리카락에 묻혀서, 그 머리로 예수의 발을 닦는다'고 하는, '발의 더러움을 씻어주었다'는, 최대한의 경의를 표한 적이 있었습니다.

그런데 그것을 보고 회계 담당인 유다는 '아깝다. 그 향유를 팔면 300데나리온으로 팔린다'고 말했던 것입니다. '300데나리온'이라고 하는 것이 지금의 금액으로 어느 정도인지는 정확히 모르겠습니다만, 아무래도 1년분의 수입에 해당할 만큼의 향유였던 것 같으므로, 지금으로 말하면 3,000만 원 정도 될까요?

3,000만 원이나 하는 향유를 여성 신자가 자기의 긴 머리에 묻혀서, 그 머리로 예수의 발을 닦으려고 하는 것을 보고 '아깝다'라

고 말한 사람이 있었던 것입니다.

타산적이라고 하면 타산적입니다만 '그만큼 있으면 1년간 먹고살 수 있을지도 모른다'는 것입니다. 회계 담당은 식량도 담당하며, 주거를 준비하기도 하므로 '내 고생을 알아주지 않는다. 낭비하고 있다'고 생각했던 것입니다.

그런데 예수는 그때 '그녀의 행위를 질책하지 마라'는 말을 했습니다. '그대들은 어느 시대에도 함께 있을 수 있지만, 나는 어느 시대에나 있을 수 없다. 내가 이 지상을 떠나는 날은 이제 가까워졌다. 그러므로 그녀의 행위는 칭찬받아야 하며, 후세에서 기념해야 할 행위다. 죽음으로 가는 나, 이제 곧 죽는 나에게 돈에 대해 생각하는 일 없이 최대한의 사랑을 표현해서 정성을 다했다는 것은 칭찬받아야 할 일이다'는 말을 했던 것입니다.

또 막달레나 마리아에게는 '마르타'라고 하는 언니가 있었습니다만, 그녀는 예수 일행에게 저녁 식사를 만들어서 접대하기 위해 바쁘게 일하고 있었습니다. 그 때문에 예수의 이야기에 심취해 있던 여동생 마리아에게 '너도 좀 부엌일을 도와줘'라고 말했습니다.

하지만 예수는 그것도 똑같이 뿌리쳤습니다. 마르타가 보면 저녁 식사 준비를 하는 쪽이 대단히 중요한 일이었으므로 마리아가 꾀를 부리고 있다는 느낌, 혹은 뭘 잘난 체하고 있냐는 식으로 보였는지도 모르겠습니다.

그와 같이 사람들은 이 세상에서의 일상이 흘러가는 가운데, 당연한 것을 가치가 있는 것으로 요구하고 있었던 셈입니다만, 그 가운데에서 예수는 이제 최후의 때를 깨닫고 있었던 것으로 생각됩니다.

보신 때문에 예수를 팔아넘긴 유대인

그리고 예수는 일부러 잡혀가는 쪽으로 이동해 갑니다. 다만 그러한 예수도 최후에는 겟세마네 뜰에서 '밤새 자지도 않고 기도했다'라고 전해집니다.

그런데 제자들은 밤이 되자 그냥 자버리는 것입니다. 예수가 '너희는 깨어나 있어라'라고 말했는데도 역시 잠이 들고 맙니다. 제자들에게 있어서, 예수의 최후가 다가오고 있으며, 이제 스승한테서 한시도 떠나서는 안 되고, 눈을 뜨고 있지 않으면 안 되는 때인데도 졸음에 져서 자는 것입니다.

그 때문에 그 사이에 로마 병사가 와서 예수는 붙잡혀 유대인의 종교재판에 넘겨져서 유죄가 됩니다. 로마 쪽은 '그다지 죄는 없겠지. 석방해도 좋지 않을까'라고 몇 번이나 말합니다만, 오히려 유대인 쪽에서 용서하지 않았습니다.

당시 '과월제過越祭 때는 한 명은 사면赦免해도 괜찮다'는 풍습이 있어서, 동시에 사형을 당하게 될 '바라바'라는 죄인이 있었으므로, 로마 행정관 빌라도는 '바라바와 예수 중 어느 쪽을 사면하겠는가? 너희가 좋아하는 쪽을 사면해도 좋다'라고 말했습니다.

그런데 유대 민중은 '바라바 쪽을 사면하라'고 외쳤습니다. 바라바는 '강도 살인범'이라고 말해지는 사람입니다. 혹은 '정치범'이라고 말해지는 일도 있습니다만, 민중은 '그쪽을 사면하라. 예수 쪽을 처형하라'라고 외쳤던 것입니다.

예수에게는 몇천 명이나 되는 신자가 있었고, 예수가 일으킨 기적을 많은 사람이 보거나 들어서 알고 있었습니다. 하지만 오래된 종교가들은 '예수는 전통적인 유대 종교의 적이 될지도 모른다'고 생각했던 것입니다. 실제 유대의 땅은 로마 식민지가 되어 있었습니다만, 그들은 보신 때문에 그러한 로마의 지배하에서 자기들의 종교가 계속되어 가도록 예수를 팔아넘기는 데에 찬동했던 것입니다.

이러한 일도 있었기에 현재 기독교 교회나 바티칸 등은 '기독교는 본래 민주주의가 아니다. 신이 만드신 피라미드가 있으므로 거기에 복종하지 않으면 안 된다'는 식의 말을 합니다. 그처럼 기독교도 이슬람교와 변함없는 말을 하고 있습니다. 확실히 '다수결'이라는 것은 때때로 '열정'에 굴복하여 반대되는 결단을 하는 일이 있습니다.

예수가 최후에 기도한 말의 참뜻이란

참고로 예수가 최후에 '신이여, 신이여, 나를 구해 주소서'라고 기도했는가 아닌가에 대해서는 여러 설이 있으며, 행복의 과학 초기 영언집[3]에서는 예수의 말로서 "그것은 잘못됐다. 그렇지 않고 '엘리야, 엘리야, 라파엘'이라고 말했었다. 엘리야와 라파엘에게 '맞이하러 오너라'라고 그 이름을 부르고 있었다"고 나와 있습니다.

그런데 "이 '엘리, 엘리, 라마, 사박타니'라는 말은 '신이여, 신이여, 왜 나를 버리셨습니까'라고 예수가 외친 것이다"라는 식으로 쓰인 복음서도 있습니다.

그렇다고 해도 민중 중에는 '저것은 엘리야를 부른 것이다'라고 말하는 사람들도 있었으므로, 어쩌면 그것이 눈에 보인 사람도 있었는지도 모르겠습니다.

---

3) 초기 영언집 : ≪그리스도의 영언≫. 현재는 ≪오오카와 류우호오 영언전집≫ 제5권 (종교 법인 행복의 과학 간행) 수록.

그러한 이유로 여기는 조금 안타까운 부분입니다.

다만 예수가 최후가 다가오자 그렇게 살려달라고 애원할 것 같은 사람이었다면, 그때까지의 행동은 없었을 것입니다. 그러한 의미로 이 해석은 매우 인간적인 해석이며, 아마도 예수를 모르는 후세 제자들에 의해 합리적으로 고쳐 쓰인 부분이 아닐까 생각됩니다.

만일 예수가 신에게 '왜 나를 저버리셨습니까'라고 말하고 있었다고 해도, 운명에 순순히 따랐던 것 자체는 사실입니다. 예수는 십자가에 매달아져서 대못보다 더 큰 못에 박혀서 죽었고, 옆구리를 창으로 찔렸습니다. 이 일생을 보는 한, 세상을 구하기 위해 태어난 인간으로서, 이 정도로 비참한 생은 없었습니다.

예수는 세상을 구하기 위해 온 셈이며, 사람들로부터 감사를 받고 사랑받아도 당연할 텐데도, 죄인과 함께 십자가에 매달아지고 가시나무 관까지 쓰고 창에 찔려 죽었으며, 최후에는 사람들이 예수가 입은 옷까지 찢어서 가져갔습니다. 그와 같이 사형을 집행하는 사람들이 마지막으로 걸친 옷까지 전부 가져가 버린 비참한 최후를 맞이했던 것입니다.

그 최후를 어머니인 마리아와 막달레나 마리아, 혹은 살로메, '요한복음'의 요한 등 몇 명의 사람은 보고 있었습니다.

열두 제자와 몰래 신앙을 지킨
기독교 신자에게서 보는 신앙을 가진 삶의 방법

한편 열두 제자 중에는 예수의 처형을 멀리서 보았던 사람도 있었습니다만, 예수를 배신한 제자도 나왔습니다.

예를 들면 베드로는 예수로부터 "너는 닭이 두 번 울기 전에, 세 번 '예수 따위의 사람은 모른다'고 말하며 나를 배신할 것이다"라는 예언을 듣고 그대로 하고 맙니다. 그리고 실제로 닭이 울고 나서 자기 신앙의 약함을 알아차리고 하염없이 눈물을 흘리게 됩니다.

하지만 그렇게 믿음직스럽지 못한 제자들이어도, 열두 제자를 만듦으로써 예수 교단이 후세에 남게 된 셈이므로, 무엇이 어떻게 될지는 알 수 없다고 생각합니다. 그래도 없는 것보다는 있는 쪽이 좋았습니다. 예수에 대해 전하려고 하는 사람이 있었으므로 기독교는 후세에 남았고, 바울처럼 실제로 예수를 만나지 못했지만, 박해하는 입장에서 신앙을 전도하게 되는 사람도 나왔습니다.

그렇다고는 해도 예수의 제자들은 그 후 십자가에 매달아지거나 '거꾸로 십자가'라고 해서 머리를 아래로 해서 거꾸로 매달아지는 가장 엄한 형으로 죽임을 당하거나, 로마의 콜로세움에서 사자에게 잡아먹히는 구경거리가 되기도 했습니다.

이것은 최저, 최악이겠지요. 신앙이 행복을 부르는 것이라면, 이 세상에서는 최저, 최악의 삶이 신앙에 의해 일어나게 된 것입니다. 그러한 결과가 오는 것이라면 신앙 따위는 버리는 것은 당연해서, 다들 그것을 감추게 될 것입니다.

실제로 몰래 신앙을 믿는 사람들은 많이 있었습니다. 비밀집회를 위해 지하에 들어간 사람도 있었던 상황이었습니다만, 그 신앙의 불은 꺼지지 않았던 것입니다.

예를 들면 나가사키長崎의 '잠복 키리시탄(기독교 금제 하에 몰래 신앙을 지킨 기독교도)'은 이미 그 시대가 끝났습니다만, 그 가운데에는 박해를 받아도 숨어서라도 계속 살았던 사람도 있었습니다.

내가 태어난 도쿠시마현德島縣 요시노가와시吉野川市 가와시마초川島町의 '성지 엘 칸타아레 생탄관生誕館'으로 가는 도중에 우에자쿠라上櫻라고 불리는 곳이 있습니다. 그곳은 옛날에 작은 성이 있었던 장소 부근입니다만, 그 주변에도 잠복 키리시탄의 마을이 있어서, 대대로 신앙이 전해져 오고 있습니다.

그렇다고는 해도 일본에는 잠복 키리시탄은 있었지만, 결국 기독교는 그렇게 커지지는 못했습니다. 일본의 여러 종교나 제도에 제압되어서 퍼지지는 않았던 것입니다. 그것에 대해서는 따로 종교적인 논의가 있다고는 생각합니다. 일본도 종교대국宗敎大國이었으므로 쉽사리 이길 수 없었던 면이 있었던 것입니다.

자아가 투쟁하는 사회에
예수가 죽음으로 제시한 가치관

어쨌든 예수가 '자기희생의 사람'이었던 것은 사실입니다. 예수는 눈이 보이지 않는 사람의 눈을 고쳐주고, 절름발이를 고쳤습니다.

≪성서≫에는 '너무나 많은 군중이 예수가 있는 곳으로 밀어닥치므로, 현관을 통해 들어갈 수 없었다. 그 때문에 지붕을 헐어서 구멍을 뚫고, 위에서 환자를 밧줄로 매다는 식으로 해서라도 집안에 들어가게 하여, 예수에게 치료받게 하려고 했다'는 식의 기록까지 남아 있습니다.

이것은 이상 사태겠지요. 보통은 있을 수 없습니다. 상당히 많은 사람이 밀어닥치고 있었던 것으로 생각됩니다. 지붕을 헐어서 구멍을 뚫고, 거기에 환자를 매달아서까지 '고쳐 달라'는 상황이었다면 상상하기만 해도 보통이 아닙니다.

그러한 의미로는 여러 가지 각색도 있을 것으로 생각됩니다만,

역시 그 가운데에 진실은 있었던 것이 아니겠습니까? 그러한 나날 속에서 예수는 자기희생의 길을 선택했습니다.

그것에 대하여 후세 사람들은 자기들 조상의 소행을 좀처럼 용서할 수 없는 셈입니다. 그 때문에 '인간은 원죄를 가졌고, 원죄를 짊어진 것이다. 우리에게는 죄가 있다'는 것을 강하게 생각하게 되었습니다. 그처럼 예수와 같은 '원죄가 없는 사람'이 처형당하는 일도 있었습니다.

그 결과, 어떤 의미로 자아가 투쟁하는 사회 속에서 강자가 살아남는 세계를 만든 종족들이 '자기들은 그 원점에서 죄를 저질렀다'는 생각을 마음에 새기고, 때때로 속죄의 마음을 가지게 되었습니다.

또 '이 세상의 세속적인 것을 전혀 추구하지 않고 죽어 간 사람에 대한 신앙의 마음을 가짐으로써, 죄가 큰 자신들도 용서받는 것이 아닐까'라는 생각을 가지게 된 것입니다.

예수가 보통 인간으로는 하지 못하는 일을 하고, 자기희생 정신을 발휘한 것에 대해서는 현대적인 관점에서나 또 종교심이 낮은 일본인이 보아도 '어리석다'고 생각되는 일은 많을 것입니다. 많은 사람이 '제대로 성공하고 난 다음의 구세주여야 하잖아? 현명하지 못한 느낌이 든다'고 생각하겠지만, 반대로 이기주의적(자기 본위)이라고 하는 마음으로부터 그렇게까지도 멀리 떨어진 사람도 있었던 것입니다.

'사람을 치료하고, 구원의 말을 해주고, 천국으로 들어가는 길을 계속 설했던 사람이 죄인과 함께 죽는다. 가시나무 관을 쓰고 피를 흘리면서 죽어 간다.'

이것은 결국 '영적이다'는 것을 증명하기 위해서는, 모두가 공통으로 '좋다'고 생각하는 이 세상에서의 가치관에 대하여 '영적 가치관은 반대이기도 하다'는 것을 상징적으로 나타내지 않으면 안 될 때가 있다는 것입니다.

사람이 세속적이고, 유물적으로 발전하고 번영하는 것만을 추구하고 있으면, 종교적인 본심에서부터 벗어나는 면이 있습니다. 자기의 몸을 지키고 이해利害만을 지키는 인간이 많이 나타나, 그러한 사람을 현명한 사람이라고 생각하는 것입니다.

그런 의미로 공부나 일을 통해 단련된 현명함을 지닌 사람, 혹은 자기를 지키는 데에 뛰어난 사람, 자기 이익을 지키는 데에 뛰어난 사람들은, 어떤 의미로는 예수를 몰아세우고 오래된 유대 종교를 지키고자 굳게 믿었던 사람들과도 닮은 면이 있습니다.

다만 그 기독교도들도 그다음에 새롭게 일어나는 종교에 대해서는 박해를 하고 있으므로, 이 부분은 종교적으로 어려움이 있는 지점입니다.

04
자기희생에 살았던 위인들 ③
생가죽이 벗겨진 마니교의 개조 마니

세계 종교가 되었으나 비참한 최후를 맞이한 마니교의 개조

  기독교보다 불과 200년 후에 일어난 종교로서 마니교가 있습니다. 조로아스터[4]의 환생이라고 간주되는 마니라는 사람이 지상에 태어나 일대─代 만에, 당시로서는 세계 종교에 해당할 만큼 대단히 폭넓은 영역에 가르침을 설했습니다.

  이 마니교 가르침의 중심은 '선악 이원론二元論'이었습니다만, 이것은 조로아스터교와 전적으로 똑같습니다. 어느 쪽도 " '빛의 신'과 '어둠의 신'이 있고, 그 양자가 계속해서 싸우고 있다"는 세계관을 가지고 있습니다.

---

4) 조로아스터 : ≪태양의 법≫ ≪조로아스터와 마이트레야의 강림≫ (모두 행복의 과학 출판 간행) 참조.

역시 천국과 지옥의 대립 관계 등을 아는 사람으로서 본다면, 그것을 가르치지 않는 한에는 사람을 이끌 수 없습니다. 그 때문에 예전에 이원론적인 '천국과 지옥의 싸움'을 설한 사람(조로아스터)이 다시 지상에 마니로서 태어나 같은 가르침을 설했다는 것입니다.

다만 이에 대해 '아우구스티누스의 회심'이라는 유명한 이야기가 있습니다. 이것은 '아우구스티누스가 북아프리카에서 마니교에 귀의했던 것을, 어머니인 모니카가 기독교로 회심하게 만든다'는 것입니다. 즉, 아우구스티누스조차도 마니교는 사악한 것으로 판단해서 버린 다음 기독교로 되돌아갔습니다. 그렇지만 그런 과정에서 기독교는 중세 이후에도 살아남게 된 셈입니다.

마니 자신은 기독교도는 아니었습니다만, 그 당시 자기의 전신前身인 조로아스터교가 남아 있었습니다. 또 풍습으로도 조로아스터교의 조장鳥葬(시체를 새가 먹게 하는 것)이 남아 있었던 것 같습니다. 이것은 보시의 정신이라고 하는, '아까우므로 죽은 육체는 살아있는 모든 것에 바친다'는 것으로, 시체를 언덕 위로 올려놔 새들의 모이가 되게 한다는 생각도 있었던 것 같습니다.

그러한 조장 풍습이 있었던 조로아스터교도 당시는 아직 남아 있었고, 실제로 마니는 조로아스터교 신자들에 의해 암살되었다고도 말해지고 있습니다.

결국 마니교는 한번은 세계 종교까지 되었지만, 마니 자신은 온몸의 생가죽이 벗겨지는 형을 받고, 그 후는 소위 조장을 당해서 새에게 찔려 죽는, 정말 비참한 최후가 되었습니다.

　　이처럼 구세주라고 여겨지는 사람들이 이 세상에서 패배하여 죽어 가는 모습을 보는 것은 정말 마음 아픈 일입니다. 하지만 그러한 비극을 통해서가 아니면 사람들을 회심시킬 수 없는 면도 있고, 이 세상에서는 패배하는 면도 있는 것입니다. 오히려 '악마가 빙의憑依한 권력자 쪽이 강하다'라는 실태도 충분히 있는 셈입니다.

역사적으로 정치적 운동과 종교적 운동은 뗄 수 없는 것이다

　　예수의 시대를 살펴봐도 로마 식민지 아래에 있었던 당시의 유대인은 '거대한 로마제국의 군대를 가지고 카이사르라고 불리는 황제가 지배하는 나라에 무력으로 맞서서 이길 수 있을 리가 없다'는 느낌이었으며, 정치적 혁명가를 추구하고 있었습니다. 역대의 '메시아'라는 말 속에는 '정치적인 지도자'라는 의미도 포함되어 있었습니다.

그것은 모세를 보아도 그렇고 ≪구약성서≫에 나오는 다른 사람들에게도 그러한 민중을 해방하는 면은 있었으므로, 역시 이 흐름은 있었던 것입니다. 근대 이후에는 링컨이나 킹 목사에게도 그러한 면은 있었고, 맬컴 엑스[5]에게도 그러한 면은 있었을지도 모르겠습니다.

이처럼 정치적 운동과 종교적 운동에는 반드시 뗄 수 없는 부분이 있습니다.

지금도 유대교로서 열심히 하는 종교는 있습니다만, 만일 예수가 유대민족을 독립시켰더라면 아마도 예수를 진정한 그리스도, 구세주로서 인정했을 것입니다. 그런데 독립운동에는 성공하지 못했으므로 버린 것입니다.

또 본래 마음의 가르침과 정치적인 운동은 동시에 행하여져야 하는데도, 예수는 정치 운동 쪽은 포기하고, 돈에 대해 질문을 받았을 때도 '카이사르 것은 카이사르에게. 신의 것은 신에게'라는 식으로 정교분리 식의 말을 했습니다. 요컨대 힘의 약함을 내보인 셈입니다.

다만 지금의 기독교도는 바티칸 등을 보면 반드시 그렇게 되

---

5) 맬컴 엑스(1925~1965년) : 미국의 흑인 해방운동의 지도자. 흑인운동 단체(블랙 무슬림)에 소속하여 활동하고 있었지만, 후에 독자적인 조직을 창립했다. 비폭력적이었던 킹 목사와는 대조적으로, 급진적이면서 공격적인 지도자였다.

어있다고는 할 수 없습니다. 역시 정치적으로도 독립한 면은 있고, 이슬람교에도 그러한 면은 있는 것이 아니겠습니까?

어쨌든 당시는 예수가 힘이 없는 것을 질책하는 사람들이 있였습니다. 다만 그만큼 '마음의 세계에서의 순수함'은 한층 더 강한 것이 되었다고 생각합니다.

05
자기희생에 살았던 위인들 ④
얀 후스, 잔 다르크

체코를 위해 ≪성서≫를 번역하여
화형을 당한 학장 얀 후스

중세로 말하면 후스 전쟁의 바탕이 된 얀 후스[6]나, 프랑스를 구한 잔 다르크[7] 등도 자기희생에 살았던 사람입니다.

후스는 학식도 있고 프라하 대학 학장도 맡은 사람입니다만, 여기서도 또 인간이 만든 조직끼리의 싸움이나 로마와의 싸움도

---

6) 얀 후스(1370~1415년) : 중세 유럽의 종교사상가, 종교개혁자. 보헤미아 지방 출신. 베들레헴 예배당 주임사제 겸 설교사로 임명되어 프라하 대학 학장이 되다. 성서의 체코어 번역을 하는 등 민중 교육에도 주력했지만 로마 교회의 타락을 비판하여 개혁에 착수한 결과, 이단으로 여겨져 화형에 처해졌다.

7) 잔 다르크(1412~1431년) : 영국과 프랑스의 '100년 전쟁'(1339~1453년) 때, 신의 계시를 받고 프랑스를 승리로 인도한 여성. '오를레앙Orleans의 소녀'라고 말해진다. 17세 때 포위되어 함락 직전인 오를레앙을 구하고 영국군을 격퇴했지만, 후에 영국 측에 붙잡혀 재판에서 이단 판결을 받고 화형에 처해졌다.

있었다고 생각됩니다. '후스가 이단인가, 이단이 아닌가'라는 의문은 있었다고 봅니다.

후스는 ≪성서≫를 체코어로 번역하여 현재의 체코어 기원에 해당하는 것을 만들었습니다만, 체코 사람들을 위한 ≪성서≫를 만듦으로써 결과적으로 화형을 당하게 되었고, 그 후 후스 전쟁이 일어나서 퍼져 간 셈입니다.

조국을 구하고 동포에 의해 화형을 당한 잔 다르크

한편 잔 다르크는 프랑스의 동레미라는 마을의 농가 딸로 태어나, 그다지 특별한 교육을 받았던 것은 아니었습니다.

그런데 어느 날 신의 목소리가 들린 것을 계기로, 그녀는 공격해 들어오는 영국군과 싸우기 위해 백마를 타고 프랑스 독립운동에 몸을 던지게 됩니다. 요컨대 신의 목소리에 근거하여 독립운동을 했던 셈입니다.

그것은 17살부터 19살까지 불과 2년 정도였습니다만 '소녀에게 신의 목소리가 내려왔다'는 것이 프랑스에 용기를 주고, 기적의 승리를 많이 일으켜, 나라를 잃어버리기 직전에 영국군을 이길 수 있었습니다. 즉, 잔 다르크의 출현 자체가 20세기로 말하면 마치 제2차대전에서 연합군이 프랑스 노르망디에 상륙했을 때의 프랑스 해방을 위한 싸움과 같은 것이었습니다.

그 잔 다르크도 결국은 적의 올가미에 걸려들었습니다만, 실제로 그녀를 붙잡아서 재판하고 처형한 것은 동포인 프랑스인이었습니다.

역시 프랑스의 교회인들은 무학無學인 농가의 10대 소녀를 성인聖人으로 인정하고 싶지 않았던 것입니다. 그 의미로, 잔 다르크가 시골 농촌 태생이었기에 '너는 부모님 말씀에 거역했는가'라고 묻고 '가톨릭의 가르침에 의하면 부모님의 가르침을 따르지 않으면 안 되기에, 어겼다면 이단이다'라는 생트집을 잡고 죄를 인정하게 했습니다. 그리고 마지막에는 화형에 처해서 죽였던 것입니다.

그것은 마치 현대판 마녀사냥 같습니다. 중세에도 마녀재판이 많이 일어났지만, 이와 같은 면도 있었던 것입니다.

결과적으로 잔 다르크 자신은 얻은 것이 아무것도 없습니다. 화형이 되어 죽어 갔을 뿐입니다.

06
자기희생에 살았던 위인들 ⑤
석존과 과거세 이야기

일종의 자기희생 정신이 들어있는 단식 수행

다만 그러한 원형은 옛날부터 있어서 단식 수행 등에도 일종의 자기희생 정신이 들어있다고 생각됩니다.

본능적으로 먹거나 마시고 싶어하는 게 당연하므로, 죽음에 가까워질 것 같은 수행을 한다는 것은 바보 같은 일입니다. 하지만 그래도 계속 수행한다는 것은 이 세상에서의 가치관이나 논리를 부정하는 의미로, 거기에 도전함으로써 영적인 것이 열리게 되는 일이 과거에서부터 몇 번이나 있었습니다.

인도에서도 이스라엘에서도, 그리고 아라비아반도에서도 그러한 단식행동이 있었던 것처럼, 이 세상에서 당연히 인간이 요구해 갈 것을 부정함으로써, 더욱 고차원적인 무언가를 열려고 하는 움직임을, 사람들은 되풀이하는 것입니다.

석존도 왕가를 나온 다음의 6년간은 산림 속에서 좌선하면서 단식도 되풀이했으므로, 깨달음을 얻기 전에는 갈비뼈가 보이고, 혈관이 보일 만큼의 상태까지 와 있었다고 합니다.

역시 '자기 몸을 단련하면서 진리를 추구하려고 한다'는 식으로, 육체의 욕망을 이겨 내는 가운데 영적인 체험을 하는 사람은 많은 것 같습니다. 그것들 전부가 천국과 가까워지는 것이라고는 할 수 없지만, 확실히 영적인 감각이 대단히 예민해져서 영능력을 가지게 되거나, 몸에서 영이 빠져나가는 것 같은 체험을 하는 사람은 많다고 할 수 있습니다.

그러므로 단식 수행이나 그 밖의 고행 등도 어떤 의미로서 자기희생을 수반하는 것이기는 합니다만 "'영적인 상태가 된다'는 것은 '이 세상에서 세계가 완결하고 있고, 이 세상에서 가장 행복한 삶의 모습이라면 이렇게 된다'는 것의 반대로 사는 부분이 나온다"는 것입니다.

석존의 '과거세 이야기'에서 보는 자기희생 정신

지금 말한 내용은 석존 시대 이전부터 계속되고 있었던 것입니다만, 현재 석존의 '과거세 이야기'로서 말해지는 '자타카 이야기' 등에도 그러한 것이 쓰여 있습니다. 다만 이것은 민속 전승도 많이 들어가 있으므로, 석존의 과거세 이야기로서 그대로 다 들을 수 없는 부분은 있을 것입니다.

그 가운데에 나오는 이야기의 일부를 보면 '여러 부처가 많이 나와 있었던 옛날 시대에 석존은 동물로 살았었는데, 훌륭한 동물이었기에 그 다음은 좀 더 좋은 존재로 태어났다'는 이야기가 있습니다.

그와 같이 인도에서의 전생윤회 사상은 동물계에서부터 인간계까지를 포함한 대단히 폭이 넓은 것이었습니다. 확실히 일부에는 그 내용대로의 진실도 들어가고는 있습니다만, 약간 동물 세계와 인간 세계가 가까웠던 것이 아닐까 생각되는 면은 있습니다.

예를 들면 '석존이 토끼로 태어났을 때, 여행중이던 승려가 배가 고파서 힘들어했으므로, 자기 몸을 모닥불 안에 던져 넣고 공양했더니, 그 공덕에 의해 인간으로 환생할 수 있었다'는 이야기도 쓰여 있습니다.

다만 이에 관해서는 상당히 교훈다운 동화와 같은 것으로 여겨집니다.

또 왕자로 태어났을 때는 죽림 속을 산책하다가 어미 호랑이와 새끼 호랑이가 굶주려서 힘들어하는 것을 발견하자, 벼랑 위에서 몸을 던져 자기의 몸을 공양하여 호랑이들에게 먹였다고 합니다. 그러한 이야기도 나와 있습니다.

이것은 다소 극단적이어서 현대에 그대로 통용될지 모르겠습니다만, 정신 자체는 이해 못하는 것은 아닙니다.

이러한 이야기는 '여러모로 자기희생을 감수하면서 수행해 왔던 사람들, 즉 다른 자를 위해, 세상을 위해 자기 몸을 희생한 사람들이, 점점 높은 차원의 혼이 되어 간다'는 것을 잘 나타내고 있는 것입니다.

07
자기희생에 살았던 위인들 ⑥
요시다 쇼인의 말

　나아가 근대에서 메이지 유신 무렵까지 살펴보면, 요시다 쇼인 吉田松陰에 대해서도, 앞에서 서술한 예수 그리스도처럼 '왜 이 사람이 그렇게 훌륭한지 모르겠다'고 말하는 사람도 있는 것 같습니다.

　예를 들면 최근에는 '다음 교과서부터는 요시다 쇼인이나 사카모토 료마坂本龍馬 등의 이름이 사라진다'는 기사가 신문에 실려서 약간 화제가 되고는 있습니다만, 요컨대 '역사적으로 확정할 수 있는 업적으로서 무엇이 있었는지는 명확하지 않다'는 것입니다. 그것은 마치 실증적이고 '과학적인 사고'가 역사 분야나 인간학 분야에까지 파고 들어왔다는 것을 잘 나타내고 있습니다.

확실히 쇼인 자신을 살펴보면, 최종적으로는 '좌절한 사람'이 었던 것은 사실입니다.

하지만 그가 결과를 가지고 대결하려고 했던 사람이 아니었다는 것은 명확합니다. 결과를 나타낸 것은 쇼인이 교육한 미래의 사람들입니다만, 그 자신은 그동안 될 수 있는 한 자기를 비워서 '이 나라를 위해 어떻게 살아야 하는가', '인간으로서 어떻게 살아야 하는가'를 몸으로 가르친 분이었고, 손익의 이해관계에 대해서는 극히 담백한 분이었다고 생각합니다.

쇼인은 어렸을 때부터 수재라고 말해질 정도로 '10세 전후 때 번후藩侯 앞에서 강론했다'는 전설이 있는 것을 보면, 머리가 나쁜 사람이었을 리가 없습니다.

그런데 그 후, 쇼인은 야마가山鹿류 병법을 가르치고 있었음에도, 스스로 쉽게 붙잡혀서 참수를 당했습니다. 그것을 '생각이 얕다'라고 간단하게 판정할 수는 없습니다.

하지만 '조슈長州(현재의 야마구치현山口縣)의 벽촌에서 태어난 사람이 일본 전체를 바꿀 만한 회천回天의 위업을 일으키려면 무언가의 도화선이 될 필요가 있다'는 것을 그는 충분히 알고 있었던 것입니다. 이러한 마음 내면까지는 간단히 알 수 없겠지만, 아는 사람은 그것을 알았습니다. 요컨대 '자기가 죽음으로써 이 나라가 바뀌어 간다면, 그 죽음에는 의미가 있다'는 것입니다.

실제로 그는 제자들에게 '그 죽음에 의해 아무것도 변하지 않는다면 오래 생존하는 것도 좋다. 생존하는 쪽이 세상을 위하고 다른 사람을 위하는 것이 된다면, 여러분은 목숨을 오래 보존하라. 하지만 목숨을 버리는 것이 세상을 위하고 다른 사람을 위하는 일이 된다면 기꺼이 목숨을 버려라'는 말을 했습니다.

아마 쇼인의 죽음의 의미를 모르는 사람은 그리스도의 죽음의 의미도 모를 것이므로, 그들이 이 세상에서는 대단히 미숙하여 아무런 성과도 올리지 못하고, 아무것도 손에 넣는 일도 없이 죽어 간 사람들로 보일 뿐입니다. 그러므로 그 사람을 칭송하는 것이 단순한 위로로만 보이는지도 모르겠습니다.

08
자기희생에 살았던 위인들 ⑦
링컨 대통령과 노기 마레스케 장군

링컨 대통령은 극장에서 부인과 함께 연극을 보고 있었을 때, 공연하던 한 배우가 총을 쏘아서 죽임을 당합니다만, 상당히 이전부터 암살당하는 꿈을 자주 꾸었고, 주변 사람들도 극장에 가는 것을 만류하였다고 합니다. 경호대장도 강경하게 반대하였습니다만, 그 사람을 쉬게 한 후에 그날 극장으로 가서는 저격당하고 말았습니다.

이와 같은 데에는 '남북전쟁으로 많은 미국인을 죽게 했다'는 것도 관계했을 것입니다. 남북전쟁에서는 제2차 세계대전에서 죽은 미국인 30만 명보다도 많은 60만 명 이상이 죽었습니다. 즉, 국제적인 전쟁보다도 미국의 내전에서 많은 사람이 죽은 것입니다. 미국에서 사망자 수가 최대인 전쟁이 이 남북전쟁이며 '시빌워civil war(시민전쟁)'가 의미하듯이, 남군도 북군도 본래는 적이 아니라 같은 국민끼리인데도 서로 죽였던 것입니다.

링컨 대통령은 아주 많은 사람을 죽게 만든 것에 대한 책임을 강하게 느끼고 있었다고 생각됩니다. 대통령으로서 사명을 다한 다음, 오래 살 마음은 별로 없었던 것이 아닐까 생각됩니다.

그것에 대해서는 러일전쟁에서의 노기 마레스케乃木希典 장군도 똑같아서, 203고지에서 자기가 지휘함으로써 많은 젊은이를 죽게 한 것에 대한 책임, 그리고 그들 가족에 대한 책임, 천황에 대한 책임도 느끼고 있었겠지만, 메이지 황제가 세상을 떠남과 동시에 자신도 자결했고, 부인도 똑같이 그 뒤를 따랐습니다.

그러한 마음도 모르는 것은 아닙니다.

09
자기희생에 살았던 위인들 ⑧
사카모토 료마의 '무욕의 대욕'

한편 요시다 쇼인뿐만 아니라 사카모토 료마도 교과서에서 이름이 사라진다고 말해지고 있고, '여유 교육(시간을 줄이고 학생의 창의성과 자율성을 존중한다는 교육 방침, 교육의 질 저하로 이어졌다)'의 재현과 같은 것이 행해지려 하고 있습니다. 하지만 료마 자신에게도 자기희생에 살았던 면은 있었다고 느껴집니다.

료마는 검의 달인이었습니다만, 대단히 평범한 사람처럼 보이고, 헛점이 많이 보이는 면이 있는 분이었습니다. 그러한 면이 있으면서도 여러 가지로 '운'의 도움을 받아서 대업을 달성하는 데까지 갔던 것으로 생각합니다.

또 료마 암살의 배후에 대해서도 여러 가지로 조사되고 있습니다만, 좀처럼 알아내지 못하고 있습니다. 그에게는 '적이 많이 있었다'고 합니다. 미마와리구미見廻組(교토의 치안유지 단체)에 당했다고 하는 설, 사츠마 번薩摩藩이라는 설, 도사 번土佐藩이라는 설, 신센구미新撰組라고 하는 설 등 다양합니다.

그렇게 적이 많이 있는 가운데, 료마가 데라다야寺田屋나 오미야近江屋 등을 전전하고 있었던 것을 보면, 살해당할 운명에 있었다는 것을 본인도 알고 있었던 것으로 생각됩니다만, 그는 혁명가로서 일을 다 했다고 할 수 있습니다. 최후는 자기 생일에 무방비한 상태에서 습격을 받고 죽어간 셈입니다만, 목숨에 별로 집착하지 않았던 것처럼 느껴집니다.

료마는 대정봉환大政奉還이 이루어지고 나서 죽임을 당했습니다. 아마도 대정봉환에 반대한 사람은 많이 있었고, 혁명파 쪽에도 '도쿠가와 요시노브德川慶喜를 살려 두면서 혁명이 일어나지 않는다는 것은 믿을 수 없다. 반드시 전임 지배자는 죽이지 않으면 안 된다'고 생각하던 사람도 있었을 것으로 봅니다. 그 의미로 융화주의적으로 보인 료마의 사고방식을 용서할 수 없는 사람도 있었을 것입니다.

다만 '료마는 자기가 만든 새 정부의 명부 속에 자기 이름을 쓰지 않았다'는 사실이 밝혀졌습니다. 사이고 다카모리西鄕隆盛나 가츠라 고고로桂小五郎가 참의參議로서 이름을 올렸다면 당연히 료마도 들어있어야 합니다만, 이름을 올리지도 않았을 뿐 아니라 '유신이 끝나면 배를 타고 나가 무역이라도 할까'라는 말을 했다는 것입니다. 이 부분을 보면 '무욕無慾의 대욕大慾'이라고 하는, 그가 대업을 이루는 데에는 개인적인 욕심이 없었던 것은 명확합니다.

또 그는 탈번脫藩을 했던 것에 의해 자기 가족이 여러 가지로 박해를 받기도 했습니다만, 그러한 것을 참아내면서 했던 셈입니다.

이렇게 보면 자기희생 정신은 정치에 관련되는 사람이든, 종교에 관련되는 사람이든, 다소라도 세상을 바꾸어 가려고 하는 사람에게는 중요한 요소였던 것이 아닐까 생각됩니다.

10
자기희생에 살았던 위인들 ⑨
전함 '야마토'의 승무원이 가진 '무사武士의 혼'

테러리스트나 독재자에 의한 강요는 인정되지 않는다

물론 이것을 단순한 테러리스트와 똑같이 간주해서는 안 되므로 거기에는 어려운 면이 있습니다. '자폭 테러 등도 자기희생이 아닐까'라고 말하는 사람도 있다고 봅니다만, 역시 '만들어 낸 열매'나 그 사람이 가지고 있는 '정신성'의 문제도 있을 것입니다.

게다가 자기희생 정신이라는 것은 약한 자를 희생시켜서 하는 것이 아닙니다. 아이를 동반한 어머니의 배에 폭탄을 감게 해서 자폭하게 만드는 식은 아니라는 뜻입니다. 일반인을 그러한 도구로써 사용하고, 다이너마이트로 대신 싸우게 하는 것이 자기희생 정신은 아닙니다.

예를 들면 현 시점에서는 북한 문제에도 아직 결말이 나지 않았습니다만, 김정은 씨가 말하는 것처럼 '귀신과 같은 침략자 미국이나 그 괴뢰인 남조선 정부, 미국의 비위를 맞추는 일본의 나쁜 짓 때문에 공격받을 수 있으므로, 나라를 지키기 위해 방위하지 않으면 안 된다'는 것이 정말로 옳은가 아닌가는, 김정은 씨의 삶의 모습이나 주변 사람들이 살아가는 모습을 보고 판단하지 않으면 안 되는 것이 아니겠습니까?

북한에 대해 경제 제재를 하면 일반 민중 쪽이 먼저 굶주려 죽는 일이 일어나고 있습니다. 그것을 보면 자기들의 말을 듣지 않는 사람들을 자꾸 숙청하는 체제 속에는 전제적인 독재주의, 전체주의 체제는 있지만 '영웅의 그림자'는 없는 것으로 생각됩니다. 김정은 씨를 둘러싼 사람들이 아무리 그러한 연출을 하거나 영화를 만들어도, 역시 지금으로서는 '영웅의 그림자'는 없다고 나에게는 보입니다. 이 부분을 잘 모르면 안 됩니다. 김정은 씨는 자기 자신의 목숨이 아까워서 견딜 수가 없는 사람이 아닐까 생각합니다.

요컨대 자기희생 정신이라고 해도, 테러리스트나 독재자가 하는 것과 똑같이 간주해서는 안 된다는 것입니다. 또 전제군주나 독재자와 같은 사람들로부터 명령인 '자기희생 정신으로 죽어라'라고 명령을 받아 그대로 했다고 해도 그것을 인정할 생각은 당연히 없습니다.

지난 2차대전에서 싸운 사람들이 가지고 있던 '무사의 혼'

단, 지난 2차대전 등을 보면 천상계는 일본이라는 나라를 지키기 위해서, 자신의 아내나 아이를 비롯한 가족을 지키기 위해 죽어 갔던 사람들에 대해, 반드시 '전원이 지옥'이라는 판정은 내리지는 않았습니다.

이에 대해서는 몇 가지 영언을 냈습니다만 '미국에[8] 의해 전멸당한 수비대장들이 상당히 많이 천상계로 돌아가고 있다'는 사실을 보아도 '자기들이 하루 버티면 일본 본토가 공격당하는 것이 하루 늦어진다'고 생각하고 죽음을 각오하고 싸웠던 사람들의 마음속에는 역시 다소나마 고귀한 것이 있었다고 생각합니다.

한편 '인류의 3대 바보 사업' 중 하나로 이집트의 피라미드와 진시황의 만리장성과 함께, 구 일본군의 전함 야마토大和가 들어갔으며, 그것은 구 일본재무성, 지금의 재무성에도 구전口傳되고 있습니다.

확실히 전함 야마토 자체는 세계 최대의 전함이었습니다만, 최후의 해전에서도 그 실력을 발휘하여 적의 항공모함이나 전함을

---

8) 미국 : ≪팔라우 제도 펠렐리우섬 수비대장 나카가와 쿠니오 대령의 영언≫ ≪오키나와전의 사령관 우시지마 미츠루 중장의 영언≫ ≪이오지마 구리바야시 다다미치 장군의 영언, 일본인에 대한 전갈≫(모두 행복의 과학 출판 간행) 등 참조.

가라앉히는 일도 없이, 항공기를 이십몇 대 격추한 정도로 끝나 버렸습니다. 그 때문에 일본재무성 주계국主計局에는 '국가 예산의 낭비에 지나지 않았다', '단순한 철 부스러기로 바다에 뜬 호텔에 지나지 않았다'는 식으로 보였는지도 모르겠습니다.

하지만 전함 야마토는, 마지막에는 야마구치山口 부근에서부터 호위기 한 대도 없이 단신으로 오키나와로 들어가려고 하였습니다. 물론 이것이 무모한 작전이라는 것 정도는 모두 알았습니다. 게다가 편도 연료만을 가지고 향했는데, '오키나와 해변에 스스로 들어가서 포대가 되어 적 함대를 쏘아 오키나와 사람들을 일부라도 지키고 싶다'는 마음으로 갔던 3,000명의 승무원이 있었던 것입니다. 그런데 전함 야마토는 마쿠라자키枕崎에서 이백 킬로미터 정도 떨어진 곳에서 적의 항공기로부터 공격을 받고 격침되고 말았습니다.

3,000명의 승무원은 침몰당할 수 있다는 것을 알고 있었을 것입니다. 또 거기에는 군의 강제력이 작용하고 있었는지도 모르고, 외국에서는 천황을 신이라고 해서 싸웠던 것이 독재 군주에 의한 횡포처럼 보였을지도 모릅니다.

다만 오키나와 사람들 중 4분의 1이 죽임을 당하는 전황戰況이었으므로 '반격하지 않을 수 없다'는 순수한 마음도 있었던 것이 아니겠습니까? 역시 고귀한 마음, '무사武士의 혼'은 있었던 것이라고 나는 생각합니다.

　그것이 헛된 일이며, 오래 생존하는 것이 좋았다는 말도 할 수 있을지 모르겠습니다. 하지만 그러한 싸움의 정신이, 최후에는 미군이 일본 본토 상륙을 단념하게 했던 하나의 요인이 되기도 했던 것이라고 생각됩니다. 미군은 남방 전선에서 치른 격전激戰이나 오키나와 전戰 등을 보고 '일본 본토에 상륙하면 자국 병사가 100만 명은 죽는다'고 생각하고, 그 전 단계에서 그만둔 면도 있었다고 생각됩니다.

11
자기희생에 살았던 위인들 ⑩
오토다치바나히메, 야마우치 치요의 정신

'의무보다 권리'를 내세우는 현대인이 모르는
오토다치바나히메의 숭고한 정신

　현대처럼 의무보다는 권리만을 큰소리로 외치는 시대에는, 자기희생 정신은 모두 악이거나, 바보 같거나 '성과를 낳지 않는 것은 시시하다'고 간주하는 것이 아니겠습니까? 역시 현대의 학원이나 대학 진학을 위한 학교에서 가르치는 모습, 혹은 게임 등으로 승부를 겨루는 세계에서 보면 그렇게 보일 수도 있고, 그쪽이 머리가 좋은 것처럼 보일 것으로 생각됩니다.

　확실히 '승리를 얻고, 패배는 피하고, 이 세상에서 득을 보고, 성공하여 이름을 알릴 수 있으면 행복하다'라고 생각하는 가치관에서 보면, 자기희생 정신은 모든 면에서 역행한 것으로 시대에 뒤떨어진 것이며, 아무런 도움이 되지 않는 것처럼 보일지도 모르겠습니다.

하지만 그 속에는 '숭고한 정신도 있다'고 서술해 두고 싶습니다.

행복의 과학 초기 영언 중의 하나인 《오토다치바나히메^{弟橘媛}의 영언》 등에는 현대인이 이해하기 대단히 어려운 내용이 쓰여 있습니다.

오토다치바나히메는 남편인 야마토다케루노미코토^{日本武尊}가 전국을 평정하러 떠났을 때 동행한 것 같습니다만, 지금의 보소반도^{房總半島} 부근 해상에서 폭풍을 만났습니다. 당시의 신앙에 의하면 그것은 바다신이 재앙을 내리고 있는 상황이었으므로, 바다신의 재앙을 진정시키기 위해 그녀는 바다에 몸을 던졌습니다. 그 후에는 정말로 바다가 잔잔해져서 배는 가라앉는 일 없이 야마토다케루노미코토는 무사히 바다를 건널 수 있었다고 전해지고 있습니다.

현대 사람들은 이 정신을 이해할 수 없을 것입니다. '바다신이 날뛰고 있어서 폭풍이 세차게 불었다'는 것은 미신에 가깝고 '바다에 몸을 던져서 제물, 인신 공양을 했더니 폭풍이 가라앉았다'는 것은 더욱 믿기 어려운 일이라고 생각하는 면도 있을 것입니다.

다만 이 이야기에 대해서는 수학자이면서 사상가였던 오카 키

요시岡潔 선생도 '오토다치바나히메가 했던 행위의 의미를 모르는 사람은 많이 뒤처진 인간이며, 원숭이에 가깝다'라고 생각하고 있었던 것 같습니다. 그 숭고함을 몰라서는 안 되며, 반대로 이것을 알고 있었을 때는, 일본 여성들이 세계에서도 존경받는 여성이었고, 덕을 지니고 있었다는 것입니다. 그와 같이 그는 '아내가 남편을 위해 몸을 바친다. 그것은 중요한 일이다'라고 말하고 있었습니다.

야마우치 가즈토요에게 '인질이 되면 자결하겠습니다'라고 편지를 보낸 아내 치요

똑같은 일은 야마우치 가즈토요山內一豊의 아내 치요千代에게도 있었습니다.

오사카大坂의 이시다 미츠나리石田三成 등이 도쿠가와 이에야스와 싸우게 되었을 때, 이시다 미츠나리는 이에야스의 편을 드는 대명大名의 처자를 모두 인질로 잡아갔습니다.

그 무렵 야마우치 가즈토요는 이에야스를 따라 칸토関東에서 싸우고 있었습니다만, 자저自著 ≪며느리의 마음가짐에 대해 야마우치 가즈토요의 아내로부터 배운다≫(행복의 과학 출판 간행)

속에도 쓰여 있는 것처럼, 치요는 남편에게 사자를 보내서 편지를 전하여 이시다 미츠나리의 반란이 일어난 것을 알렸습니다. 그리고 '자기는 인질이 될지도 모릅니다. 하지만 인질이 되면 나는 자결할 테니, 아무쪼록 주저하지 말고 이에야스 님을 위해 싸워 주세요'라는 유언을 했던 것입니다(가사노오부미笠の緒文의 일화).

이러한 사고방식은 이혼이 많은 현대인들에게는 - 일본인도 미국인도 유럽인도 - 아마 이해하지 못할 것으로 생각됩니다. 하지만 이러한 정신 속에는 일부분이나마 정말 숭고한 정신이 흐르고 있다는 것을 알아두는 것이 좋습니다.

참고로 오토다치바나노히메는 그 후 누카다額田 여왕으로 태어났다는 것이 행복의 과학 영적 조사로 알려졌습니다. 그분의 모델이 영화 '잘 있거라 청춘, 그래도 청춘'(제작 총지휘 오오카와 류우호오, 2018년 공개)에 반영되어 있습니다만, 대의를 이루기 위해, 대업을 이루기 위해, 자신의 안위보다 큰 뜻을 품고 인내한 여성들의 삶의 모습도, 다소는 현대에 되살아나서 알려지게 해야 한다고 생각합니다.

12
자기희생 정신은 자기 자신의 진화로 이어진다

    본 장에서는 자기희생 정신에 대하여 구체적인 것도 포함해서 개론 식으로 서술했습니다. 종교 전체를 말한 것은 아닙니다만 '종교적인 삶을 사는 사람의 인생에는, 자기 자신의 손익을 떠나 사람을 위해, 세상을 위해, 나라를 위해, 혹은 세계를 위해 정성을 다하지 않으면 안 될 때가 있다'는 것을 알아주십시오.

    만일 그러한 것을 아무도 이해하지 않게 되었다면, 그것은 정말로 '이 세상뿐인 세상'이라고 말하지 않을 수 없습니다. 각자가 자기의 이익, 이해만을 위해 사는 세상이며, 모습을 바꾼 '짐승의 세상'이기도 하다는 것을 알아주시면 좋겠습니다.

    이러한 것을 계속 가르치기 위해서도 역시 종교가 필요한 것입니다. 이러한 정신이 상실되고 있기에 역사에 대한 견해도 잘못되고, 현대의 견해도 잘못되고, 종교를 얕잡아보는 견해가 흐름이 되고 있는 것이 아니겠습니까?

적어도 행복의 과학 안에 있는 사람들은 행복해졌으면 하고 바랍니다만 '종교적인 정신 안에는 자기 욕심을 억제하고, 세상을 위해 보답하지 않으면 안 된다는 마음이 들어있는 것이다'는 점을 부디 잊지 않도록 해주십시오. 그것은 자기 자신의 진화로 이어지는 것입니다. 그것을 모른다면 내가 실재 세계나 천상계, 실상 세계 등을 아무리 설해도, 그 의미를 알 수 없습니다.

그 부분을 본 장에서는 말해 두고 싶습니다.

'후세에 전하는 최대유물'이란 무엇인가

우치무라 간조內村鑑三의 명저 ≪후세에 보내는 최대유물≫ 속에는
다음과 같은 말이 서술되어 있습니다.

'인생 자체가 후세 사람들의 마음의 양식이 되고, 용기의 원동력이 되는
그러한 훌륭한 인생은 누구나 다 살 수 있다.
누구나 다 할 수 있는 것이며, 최대로 훌륭한 것이
인생 자체의 제시라는 것이다. 위인의 생애다.

어떤 환경에 있어도, 역경에 있어도, 재능이 부족해도
훌륭한 인생을 끝까지 사는 것이
후세 사람들의 혼을 감동하게 하지 않겠는가?
그러한 인생
나중에 오는 청년들의 혼을 감동하게 할 것 같은 인생을 남긴다는 것은
재산가가 아니라도, 학력이 없더라도 할 수 있을 것이다.
그러한 인생이야말로 최고가 아닌가?
후세에 보내는 최대유물로서 자기 인생을 생각해 보아라'

나도 이 생각에 찬성합니다.

적어도 번영이라고 하는 이상은, 부처의 마음에 들어맞는 번영이며

자기가 육체를 떠난 뒤에 돌아보고서

'자기는 잘했다'라고 말할 수 있는 것이 아니면 안 됩니다.

그러한 만족감은 대체 어디서부터 발생하는가.

후세에 보내는 유물, 후세 사람들에게 보내는 유산을 남길 수 있었는

가 하는 면입니다.

특히 후세 사람들에게 보내는 마음의 유산을 남길 수 있었는가가

최대로 점검할 부분이 되는 것이 아니겠습니까?

청동의 법

제 3 장

청동의 문

현대 국제사회에서 요구되는
신앙자로서의 삶의 방법

01
청동의 문은
영계로 통하는 공간을 향한 문

교회 등의 '신앙 공간'을 지키는 '청동의 문'

본 장은 '청동의 문'이라고 하는 좀 색다른 표제입니다만, 중심 테마는 '신앙론'입니다.

'청동의 문'이라는 말 자체는 이미 들어서 알고 있는 경우가 있을 것이라고 생각합니다. 유럽의 큰 기독교 교회에는 계단을 올라간 정면에 크고 무거운 '청동의 문'이 있습니다.

종교에서 신자층을 넓히고 싶다면 보통은 '들어가기 쉬운 형태'를 만들고 싶을 것입니다. 현대적으로 말하면 유리로 내부가 보이고, 자동문으로 만들어진 쪽이 사람은 들어가기가 쉬울 것입니다.

그런데 교회의 돌계단을 올라가면 크나큰 '청동의 문'이 들어서 있습니다. 그것을 여는 것은 다소 힘은 들겠지만, 왜 그러한 것이 있겠습니까?

긴 역사 속에서 교회는 왕권이나 타국에서의 침략, 다른 종교에서의 공격 등을 많이 받아 왔으므로, 어떤 때는 요새처럼 되어서 신앙자나 마을 사람들이 들어가 몸을 지키기 위한 건물이 되기도 했습니다.

또 제1차 세계대전이나 제2차 세계대전 등 큰 전쟁 시에는, 공습 시에 사람들이 피난했던 장소이기도 합니다. 게다가 전쟁에서 사상자가 많이 나왔을 때 다친 사람들이 운반된 장소이기도 합니다.

본래 교회 등의 '신앙 공간'에는 '많은 사람에게 개방된 것이 아니면 안 된다'는 면이 있습니다만, 한편으로 비상사태나 사람들을 적으로부터 지켜주지 않으면 안 될 때, 혹은 정의가 지켜지지 않는 시대에, 교회는 '싸움'이나 '저항'의 상징으로서 요새 기능도 가지고 있지 않으면 안 되는 셈입니다.

그것은 번화가의 큰 교회만은 아닙니다. 예를 들면 이탈리아나 그리스에서는 바다 언저리의 외진 곳인, 해안으로부터 상당히 위까지 산길을 올라간 곳에, 이상하게도 교회가 세워진 예도 있습니다. '이러한 곳에 잘도 건물을 세웠구나'라고 생각되는 곳에 견고한 요새와 같은 교회가 세워져 있는 일이 있습니다.

그것은 역시 그때마다 권력자나 군대 등으로부터 침공당하는 것을 예상해서 만들어진 것입니다.

거기서는 문을 완전히 닫으면 농성하며 싸울 수 있습니다. 문 안쪽에는 안뜰이 있어서 채소를 재배하거나 우물을 파서 물을 긷거나 할 수 있게 되어 있으므로, 농성해서 싸우는 태세를 갖출 수 있습니다. 장소에 따라서는 실제로 농성하여 싸운 일도 일어났습니다.

그리스에는 교회 쪽에 큰 화약창고까지 존재하는 곳도 있습니다. 일본 중세의 '정토진종淨土眞宗 봉기'는 아닙니다만, 정말로 세속권력과 싸우지 않으면 안 될 때도 있었을 것으로 생각됩니다.

유럽에서는 '흑마술'도 '백마술'도 박해를 받았다

그와 같이 여러 가지 일들이 일어난 가운데에서 신앙은 지켜져 왔습니다만, 이것은 서양뿐만 아니라 일본에서도 그랬습니다.

'종교를 믿는 사람'과 '믿지 않는 사람'과의 싸움도 있었겠지만, 종교를 믿는 사람 중에도 사고방식의 차이에 의해, 그때마다 싸움은 있었을지도 모르겠습니다.

예를 들면 유럽에서는 중세 이전부터 '마녀사냥'이나 '마법사

126

사냥'과 같은 것이 상당히 많이 있었습니다.

"어떤 의미로 '마술의 쇠퇴'와 '근대화'와는 일체다"는 생각도 있고, 사실 그러한 면도 있었을지도 모릅니다.

행복의 과학의 극단劇團 극9)에도 있었습니다만, 마술에는 '흑마술'과 '백마술'의 두 개가 있다고 말해집니다. 사람을 저주하며 죽이는 계통의 마술(흑마술)도 있습니다만, 그러한 것이 아니라 '사람들을 행복하게 하고 싶다'고 바라는 마술(백마술)도 있었던 것입니다.

다만 어느 쪽 계통에도 좀처럼 왕권에 굴하지 않는 사람들이 많았을 것이고 '신이 가진 힘의 일부를 계승하면서 하고 있다'는 것입니다. 그 때문에 '지상 권력자를 따르지 않는 면이 있다'는 이유로, 흑마술도 백마술도 구별 없이 박해하여 관계자를 화형이나 참수에 처하는 일은 많았습니다.

확실히 종교적으로 보면, 흑마술 계통에는 그리 간단하게는 허용하기 어려운 면도 있습니다. 하지만 백마술 계통에서 사람들을 행복하게 하려고 노력했던 사람들의 경우에는 '마술은 잘못되었기에 금지한다. 그만두지 않으면 화형에 처하겠다'라는 말을 들어도 '그렇습니까'라고는 되지 않았던 면도 많지 않았을까 생

---

9) 행복의 과학의 극단 극 : 행복의 과학 연예 기획사 '뉴스타 프로덕션'이 기획 및 제작한 극단 신성은, 제2회 '나는 마법을 사용할 수 없다?'를 2018년 2월 22일에서 3월 4일까지 공연했다.

각됩니다.

또 흑마술이어도 국가를 둘러싼 전쟁이나 국가 안에서의 전쟁 등으로 탄약 등을 이용하는 군세와 싸울 때는 그것이 필요할 때가 있었을지도 모릅니다. 그와 같이 이해할 수 있는 면도 있습니다.

어쨌든 진리를 아는 사람에게는, 예를 들면 아무리 임금님이 훌륭하다고 해서 '그렇습니까'라고 완전히 스스로를 부정할 수 있는 것은 아니었을 것입니다.

과거의 것을 모두 '선이다'라고도 '악이다'라고도 말할 수 없겠지만, 그러한 것도 근거로 하면서 '신앙'은 고려되어야 하는 것이라고 생각합니다.

신앙자가 되려면 '결심'이나 '용기' '이 세상에서의 차단'이 필요하다

교회의 예를 인용했습니다만, 행복의 과학에서도 교주전教主殿인 대오관大悟館 정면은 '청동의 문'으로 되어 있습니다.

이 '청동의 문'은 대오관을 세우고 나서 한 번도 연 적은 없습니다. 행복의 과학은 세간에 대해 문을 연 종교지만, 교주전에 대해서는 '신앙의 중심 부분에는 세간으로부터는 한 발짝도 들어설 수 없다'라는 의지를 표시한 건물이 되었습니다.

신앙에는 그러한 면이 있습니다. 신앙자가 되려면 우선은 문을 지나야만 합니다만, 일반적인 보통 교육을 받고 보통으로 자란 것만 가지고는 좀처럼 문을 지날 수 없을 것으로 생각됩니다.

그런 의미에서는 일반 세속 세계에서 생활하고 교육을 받은 사람에게는 '돌계단을 올라가서 무거운 문을 열고 안에 들어간다'는 것은 대단한 '용기'가 필요한 일이고, '결심'이 필요한 것으로 생각합니다.

그 무거운 문 안쪽에는 다른 공간이 있습니다만, 온 힘을 다하여 좁은 문으로부터 들어갈 생각이 없다면, 그 '신앙 공간'에는 좀처럼 들어갈 수 없을 것입니다. 그런 의미로 '결심'이나 '용기', 혹은 '이 세상에서의 차단'이 필요하다고 생각합니다.

최종적으로는 '천상계의 최고신'으로 이어져야만 한다

일본에서는 요즘 '출가'라는 말이 자주 사용되고 있습니다만, 역시 '신앙 공간'에는 '세속 공간'과는 한 발 다른 면이 있어야만 합니다. 다른 사람들에게는 보이지 않을지도 모르겠습니다만,

그곳에는 세속 공간과는 다른 면이 있습니다.

실제로는 교회든, 신사나 불각이든, 건물로는 이 세상 건물의 일종에 속하며, 유별난 형태의 종교건축에 지나지 않습니다. '비와 이슬을 막는다'라는 의미로서의 건물에 지나지 않는 면은 있습니다.

하지만 그 가운데의 공간은 천상계로 이어져 있는 것입니다.

각각 고유의 신을 모시는 종교에는 민속신앙 형태를 유지하는 것도 있거니와 그 가운데의 일파를 지키는 것도 있겠지만, 그것을 관철하여 최종적으로는 '천상계의 최고신'에게 모든 것은 이어져 가야만 합니다.

'신과 통신하기 위한 수단인 특수 공간'을 수행으로써 닦아낸다

예를 들면 거기에 온 사람들에게 어디까지의 인식이 있는지는 별도로 하더라도, 죽은 사람을 매장한 무덤은 원시적인 형태의 작은 '석조 건조물'이어도 '영계를 향한 안테나'가 되고 있다고 말해집니다. 무덤에 꽃이나 선향을 올려서 기도할 때는 천국과 지옥은 별개로 하고, 그 기도가 돌아가신 친족에게 도달하도록 만들어진 것이라고 말합니다.

　똑같이 지상에 있는 신사나 불각, 교회, 그 밖의 종교건축 등도 '이 세상을 떠난 실재 세계에 있는 신에 대한 통신 수단으로서의 특수 공간'인 셈입니다.

　행복의 과학 종합본부 건물도 똑같습니다. 부근에는 다른 건물도 많이 있습니다만, 한 발짝 종합본부 안에 들어가면 역시 거기는 '이차원 공간과 통한 공간'입니다. 따라서 그 건물 바깥쪽에 있는 도로에서 기도할 경우와 건물 안에서 기도할 경우와는 의미가 전혀 다릅니다.

　'매일 수행자들이 거기서 수행을 하고, 교학敎學을 하고, 종교를 위해 계속 일을 하고 있다'는 것은 '그 공간이 천상계의 높은 곳까지 도달하도록 매일 공간을 닦아내고 있다'는 것입니다.

　'공간을 닦는다'란 표현이 이상할지도 모르겠습니다만, 그것은 그야말로 공간 안에서 그 공간을 닦으면서, 천상계의 중심부를 향해 '신앙의 탑'을 세우는 것과 같다고 생각해도 좋습니다.

　거기는 특수 공간입니다. 그 공간(종합본부)에서 나는 몇백 번이나 설법해 왔습니다만, 거기가 '부정한 공간'이어서는 안 됩니다.

　일반인을 위한 강연회 등의 경우 외부 회장에서도 설법을 합니다만, 그곳에서는 그럴 작정으로 설법하고 있습니다. 그때는 통상보다도 강한 염력이 필요합니다. 세속 파동이라든지 다양한 반대 의견이나 사고방식, 부정적인 것도 많이 들어오므로, 그러한 것을 떠내려가게 하여 '빛의 분류'가 되어야만 합니다. 당연히 큰 힘이 필요합니다.

본래 '신불'이라고 칭하는 것, 혹은 그 곁에 가까운 고급신령 등은 신앙자 사이가 아니면 내려오지 않습니다. 본래는 신앙자가 있는 공간이 아니면 그러한 영존재는 내려오지 않습니다.

따라서 신사나 불각, 교회에는 의미가 있어서 '거기에 빛이 내려온다. 거기에 신앙의 대상이 된 영존재가 내려온다'고 여겨지는 것입니다.

물론 일로서는 평소 여러 곳에서 여러 가지 일을 하는 셈입니다만, 마땅한 신앙 공간 안에서 신앙자들이 기도나 기원 등의 성무聖務를 할 때는, 당연히 그러한 신앙 공간에는 전류가 흐르는 것처럼, 구름 위에서 번개가 피뢰침에 떨어지는 것처럼, 천상계의 영류가 내려오는 것입니다.

그 의미로 '신앙 공간을 지키고 닦아낸다'는 것은 정말로 중요한 일이라고 할 수 있습니다.

02
인간에게는 신앙의 본능이 있다

더 단순하게, 정직하게, 투명한 분위기가 있는 삶을 살자

신앙이 있는 사람들이어도, 자택에 있거나 학교에 가거나 회사에 가서 일상생활을 하는 동안에는 세속에서 살고 있는 것이므로, 반드시 그 신앙을 분명히 드러내며 사는 것은 아닐 것으로 생각합니다. 그런 의미로 신앙은 반쯤 숨긴 형태, 잠재운 형태가 되어 있을 것입니다.

확실히 신앙을 너무 드러내면 이 세상에서 살아가기 어려운 면도 있을 것입니다. 예를 들면 일반 공립학교에서도, 백화점에서도, 그 외의 곳에서도, 신앙색을 너무 강하게 내면 좀처럼 공존하고 공영共營할 수 없을 때도 많이 있습니다.

그 때문에 '그것을 적절하게 조정하는 지혜'가 있어서 세속적으로 사는 사람도 많으리라고는 생각합니다. 그 부분은 일반적으로는 '지혜知惠'라고 간주되는 부분입니다.

물론 지혜가 없으면 신앙 공간과 세속 공간과의 양쪽에 걸쳐 살아가기는 상당히 어려운 일이기는 합니다.

그렇지만 이 지혜도, 신앙의 최종단계에서는 완전히 자기를 지키는 것이 아닌 면도 있다고 나는 생각합니다. 진정한 최종형태로서 신앙체험을 쌓으려면, 이 '지혜의 가면'도 벗어던져야 합니다.

그것은 '신앙자는 더 단순하게, 더 정직하게, 그리고 더 투명한 분위기를 가진 삶을 살아야 하는 면도 있다. 숨기는 일 없이 부끄럽지 않은 삶을 사는 것도 중요하다'는 것으로 생각합니다.

이것은 그 신앙 형태가 '종교'라는 형태로, 이 세상에 어느 정도 받아들여졌는가에 따라서도 다를 것입니다.

아주 작은 단체일 경우, 세간에서의 풍파가 너무 강해서, 받는 피해가 그만큼 커지면, 숨은 형태로 살아가는 모습도 많아질 것으로 생각됩니다. 몰래 신앙을 지킨 사람과 같은 형태의 삶을 사는 것도 많을 것입니다.

그것이 일정한 규모가 되면, 존재로서는 세속적으로 인정받게 될 것입니다. 물론 세속적으로 존재는 인정받았다고 해도, 그 외에도 그러한 존재는 있으므로, 서로 어떠한 관계를 이룰 것인가,

서로 허용할 것인가, 그렇지 않으면 서로 배제할 것인가, 그 부분에 대해서는 역사적으로도 여러 가지로 있었을 것으로 생각합니다.

어쨌든 일정한 규모의 존재가 되면, 세속적으로 인정받는 면은 있을 것입니다.

자기와는 다른 신앙을 가진 사람의 일을 볼 때 생각하는 것

종교의 규모가 더 커져서 '국가 차원에서 전체적으로 그 신앙에 싸여 있다'거나, '그 신앙이 없으면 성립되지 않는 국가'도 있습니다. 그것은 상당히 강한 것입니다.

다만, 그 종교가 아직 퍼지지 않은 나라에서는 역시 알력은 일어나고 있고, 신앙을 가졌기 때문에 인권탄압을 받는 사람들도 있습니다. 그것도 전도의 최전선에서는 주야로 싸움과 같은 일은 있을 것으로 생각됩니다.

또 다른 신앙을 가진 사람들한테는 '신앙으로서는 똑같이 이해할 수는 있어도, 하지 말았으면 좋겠다고 생각되는 행위는 있다'고 말하는 사람도 있을 것입니다.

예를 들면 이슬람교 국적의 비행기를 탔다고 합시다. 물론 그

비행기가 제대로 만들어져 있어서 조종만 제대로 해준다면 타더라도 문제는 없고, 고급 서비스를 해주는 면도 있다고 나는 생각합니다.

그러나 만일 중간중간에 메카 방향을 향해서, 조종사를 포함하여 다들 바닥에 앉아서 기도를 시작한다면, 비행기가 떨어지는 것이 아닐까 생각이 들어서 걱정도 되면서 '이슬람교도가 아닌 조종사도 있어 주지 않으면 곤란하겠다'라고 생각되는 면도 있습니다. '그동안은 어떤 형태로 날고 있는 것일까'라고 생각하면 역시 무섭기는 무섭습니다.

이 부분은 결코 옳고 그름에 대해 말하는 것은 아니고 '알라신의 마음에 맡겨서 날면 된다'라는 생각도 있을 것입니다. 다만 국적과 신앙이 다르면, 다소 느끼는 것에 차이는 있을지도 모르겠습니다.

목숨이 걸린 직업에는 신앙을 가진 사람이 많다

한편 반대의 예도 있습니다. 일본에도 JAL(일본항공)이나 ANA(전일공) 등의 비행기가 날고 있습니다만, 행복의 과학이 종교법인격을 받기 전인 1990년 무렵에, 강연회 등의 스케줄 때문에 큐슈에 비행기를 타고 갔다가 돌아온 적이 있었습니다.

그때 비행기 안, 지금은 'CA(캐빈 어텐던트)'라고 말합니다만, 당시는 '스튜어디스'라고 불리던 사람들이 "'오늘은 행복의 과학 오오카와 류우호오 선생님이 타셨기에 이 비행기는 떨어지지 않는다'라고, 출발 전에 다들 말하고 있었습니다"라는 말을 해준 적이 있었습니다.

게다가 그것은 CA뿐만 아니라 조종사들, 기장과 부기장 다 하나가 되어 '오늘은 괜찮다'라고 말해 주었던 것 같습니다.

그것을 들으면 행복의 과학이 아직 종교법인격을 받기 전 단계에서도 제법 영향력이 있었다고 볼 수 있습니다. 또 그러한 목숨이 걸린 직업에서는 '신앙을 가졌거나 종교에 들어간 사람이 정말 많다'는 소문도 들었습니다.

물론 신앙을 가진 사람이 전원, 행복의 과학 신자라는 것은 아닙니다. 다른 종교를 가진 사람도 많습니다만, 그러한 형태로 '오늘은 문제없다'는 말을 해주고 있었던 것입니다.

그렇다고는 하되, 그 당시에 기장이나 CA 등 기내 전 승무원 중에는 이미 한 명 정도는 행복의 과학 신자가 있었던 것 같습니다.

다만 그들도 서비스업이므로 역시 이쪽을 편안하게 해주어야 합니다. 그 때문에 보통 손님처럼 접대하다가 내리기 직전이 되어서야 '실은 난 (행복의 과학) 신자입니다'라고 말해 주는 일이 있어서, 나도 놀란 적이 많았습니다.

예를 들면 '잠자는 얼굴이 예쁘셨어요'라는 말을 듣고 '아차! 승무원이 행복의 과학 신자라고 알고 있었으면, 좀 더 진지하게 공부하는 모습을 보였어야 했다. 자는 모습을 1시간씩이나 보여주었는가'라고 생각되는 일도 가끔은 있었습니다.

인간에게는 본능적으로 믿는 것이 있다

아무튼 단지 등록만 한 신자도 있고 신자가 아닌 사람도 있습니다만, 그래도 종교는 '뭔가 일이 일어날 때, 자기들을 지켜주는 일정한 힘이 작용하는 것이 아닐까'라고 생각하는 사람은 있습니다.

그것은 국내에서도 해외에서도 같습니다. 해외에 갔을 때도, 역시 어디에 있어도, 그 주변에 있는 사람이 확실히 나를 알고 있는 일은 있었습니다.

그러한 일도 있으므로 '행복의 과학은 여러 곳에 알려져 있고, 역시 눈에 보이지 않는 힘은 가지고 있다'는 것은 알아주셨으면 합니다.

일반적으로 종교에 관해서는 겉으로는 별로 화제가 되지 않도록 하거나, 모르는 척하는 일은 많다고 생각됩니다만, 다들 다른 의미로의 힘을 느끼거나, 믿는 면은 있습니다.

그런 의미로 인간이란 아무리 머리로 부정하거나 생각하지 않으려 해도, 본능적으로 믿는 것은 있습니다. 역시 신앙심에는 본능적인 것이 있습니다.

왜냐하면 각자는 여러 전생轉生을 해왔으므로, 이미 전생 과정에서 신앙을 만난 적이 많기 때문입니다. 금생의 교육에서는 그러한 것을 배우지 않기에 머리로는 '믿을 수 없다'고 생각하고 있어도 '사실은 깊은 곳에서부터 믿고 있다'는 면은 있을 수 있습니다.

따라서 이번에는 큰 기회이므로, 될 수 있으면 '그러한 사람들도 어떻게든 청동의 문을 열고 와 주면 좋겠다. 무거울지도 모르고, 들어가기 쉽지 않을지도 모르지만, 부디 청동의 문을 밀고 들어와 주면 좋겠다'고 바라고 있습니다.

03
진정한 신앙은 국가나 민족도 초월하는 것

신앙을 지키는 노력과 연찬의 삶

일단 신앙을 가졌다면, 그다음은 역시 그 신앙을 지키는 것도 매우 중요한 일입니다.

행복의 과학에 들어가는 데에도 용기나 힘은 필요하고, 아마도 주변에서의 반대도 있을 것으로 생각합니다. 하지만 일단 믿은 다음에는 노력과 연찬을 해야 합니다.

그리고 다양한 유혹이나 시험이 생겼다고 해도 그러한 유혹이나 시험을, 스스로가 퇴전退轉하기 위한 간단한 변명으로 삼지 않도록 해야 합니다. '그것도 각자의 수행이다'는 것을 알아주셨으면 합니다.

따라서 신앙에 관해서는 역시 '남녀의 사랑'을 넘지 않으면 안 되는 면은 있을 것입니다. 과거에는 '신앙은 연애와 닮았다'는 표현을 쓴 적도 있었고, 물론 그러한 면은 있다고 생각합니다. 하지만 '남녀의 사랑'을 넘지 않으면 '진정한 신앙'이라고 말할 수 없습니다. 역시 '신에 대한 사랑'이 이기지 않으면 안 됩니다.

그런 의미로는 '남녀의 사랑', '가족에 대한 사랑', '공동체에 대한 사랑' 등 여러 가지가 있습니다만, 신앙은 그것들을 넘어가지 않으면 안 되는 셈입니다.

진정한 종교의 신앙은 '국가에 대한 사랑'도 넘어선다

그러면 '국가에 대한 사랑'에 대해서는 어떻게 생각하는지 궁금해하는 분도 있을 것입니다. 물론 '민족이나 국가에 대한 귀의나 귀순'을 하는 경우도 있으며 '그것을 따른다'는 사고방식은 살아가는 지혜로는 당연한 일일 것입니다. 또 국가나 민족도 은혜를 베풀고 그러한 사람들을 지키는 면은 당연히 있다고 생각합니다.

하지만 신앙의 진정한 곳을 끝까지 파헤쳐서 말한다면, 역시 국가 차원을 넘어서야 한다고 생각합니다.

예전의 마르크스주의는 '국가를 넘어서 국제적인 것이 아니면 안 된다. 세계를 하나로 만들 만한 것이 아니면 안 된다'는 것이었습니다. 요컨대 신앙에 대치되어야 할 마르크시즘Marxism조차도 '국가나 민족을 넘어서 이어져야만 한다. 세계적인 혁명이 아니면 안 된다'는 말을 하였던 것입니다.

따라서 진정한 종교도, 역시 회사나 민족이나 국가를 넘는 것이 아니면 안 된다고 생각합니다. 물론 '그것이 분쟁이나 전쟁의 이유로, 단순히 사용되어서는 안 된다. 그만큼 어리석어서는 안 된다'라고는 생각합니다만, 결국에는 회사나 민족이나 국가를 넘어서야만 합니다.

그런 의미로 '일본인이 일본인 식의 종교관 범위 내에 머문다'라는 생각으로는, 유감이지만 세계에까지는 도달하지 못합니다.

예를 들면 행복의 과학 신자 중에도 이슬람교 신앙을 가진 사람은 있습니다만 '그들은 유일신 알라신을 믿으므로, 다른 종교로 신앙을 바꿀 때는 사형이 될 수도 있다. 국가에 따라서는 사형을 당하게 될 경우도 있다'고 합니다. 그처럼 이슬람교에서 개종하는 것은 그만큼 무거운 죄가 된다고 말해집니다.

하지만 생각을 해보십시오. 알라는 지금으로부터 약 1400년 전에 중동 땅에서 사람들을 인도하기 위해 가르침을 설하여 그것을 ≪코란≫으로 남긴 것입니다. 만일 그 가르침을 지금도 바꾸어서는 안 된다면 '그 후 약 1400년 동안 알라는 전혀 일을 하지 않았다. 일하지 않았다. 인류를 구하려고 하지 않았다'는 것이 됩니다.

그와 같은 일은 있을 수 없습니다.

민족신이나 일신교의 신이 갖는 한계란

한편 소문자로 쓴 'gods', 즉 '작은 신들'이라는 것은, 물론 서양 문화권에도 많이 존재합니다. 그러한 민족신, 혹은 민족신보다 좀 더 아래 수준의 'god'도 있을 수 있다고는 생각합니다.

하지만 대문자로 쓴 'The God'은 역시 한 명입니다. 그 'The God'이 기독교에서의 'God'인가, 이슬람교에서의 'God'인가, 혹은 옛날 그리스에서 말하는 'God'인가, 이집트에서의 'God'인가, 이스라엘에서의 'God'인가는 알 수 없습니다.

그처럼 'God'에도 몇 가지가 있습니다만, 역시 나라를 통하거나 민족을 통하면 그러한 유일한 'God'도 좁혀서 생각되는 일이 많습니다.

예를 들면 지금 현재 이스라엘에는 800만 명 정도 살고 있으며, 세계에는 유대인이 1,500만 명은 있을 것으로 봅니다만, 만일 이스라엘 사람들이 믿는 'God'이 조물주이고 진실한 존재라고 한다면, 1,500만 명 정도의 유대인밖에 지도하지 않는 God, 지켜주는 God일 리는 없습니다. 역시 그들을 지키면서, 그들 이외의 사람들에게도 그 힘이나 가르침이 파급되지 않으면 안 될 것입니다. 그것이 이스라엘의 'God'이 아니라면, 모습을 바꾼 형태로 지도하고 있을 것입니다.

그리고 이슬람교도 기독교를 맹렬히 추격하고 있으며, 그 신자는 세계에 16억 명 이다고도 말해지며, 기독교 신자도 20억 명을 넘어서 22억 명은 있다고도 전해집니다. 그처럼 양쪽 다 겨루는 것처럼 신자를 늘리고는 있습니다만, 아직 지구 전체에 전파하지는 못한 상태입니다.

한편 14억 명이나 되는 인구를 가진 중국은 대외적으로는 '무신론'이라고 알려져 있습니다.

또 13억 명 이상의 인구를 가진 인도는 다신교라고 말해지는 대로 신들이 많기에, 유일신 신앙은 아니면서도, 굳이 말한다면 비슈누 신과 같은 존재가 'God'이라고 할 수 있을지도 모르겠습니다.

한편 비슈누 신에는 관음님과 같이 10개의 얼굴, 즉 분신이 있어서 '그 얼굴 중 하나가 고타마 싯다르타, 붓타다'라고 합니다. 그것이 정확한지 아닌지는 모르겠습니다만, 말하고자 하는 바는 알 것 같습니다. 요컨대 인도 사람들은 '인도 최고신의 일면이,

약 2500년 전에 고타마 싯다르타로서 그 모습을 보인 것이다'라는 형태로 이해하는 셈입니다.

인도의 신불교보다 더 새로운 불교인 행복의 과학

인도의 불교는 이슬람교도에 의해 일단 멸망했으므로, 인도의 불교 신자 자체는 지금은 그다지 많지 않습니다. 최근에는 새로운 불교도 일어나고는 있습니다만, 이것은 주로 소위 하층계급 사람들이 '카스트제 폐지' 등을 목표로 해서 일으킨 것이며, 전통적인 불교 쪽은 이것과는 조금 거리를 두는 것 같습니다.

그처럼 암베드카(Ambedkar10))가 설한 신불교에서는 불상을 대신하는 그의 동상을 세웠습니다만 '신사복을 입은 불타'는 아니지만 어쩐지 위화감이 있습니다. 그렇다고는 해도 행복의 과학에도 신사복을 입은 모습의 나를 모방한 것도 있어서, 피차일반일지도 모르겠습니다.

한편 행복의 과학은 다행히도 인도의 부다가야에서 가장 전통

---

10) 암베드카(1891~1956년) : 인도의 사회개혁 운동가, 정치가. 봄베이(현 뭄바이)의 대학을 졸업 후, 미국과 영국에 유학. 그 후 카스트제도에서 고생하는 불가촉민의 해방운동에 힘썼다. 죽기 2개월 전에 몇십만 명의 불가촉민과 함께 불교에 개종하여 신불교 운동을 향한 계기가 되었다. 독립한 인도의 초대 법무대신(장관)을 지냈다.

적이면서도 오래되고 최대라고 말해지는 불교사원에서, 내가 4만 명 이상을 모아 야외설법[11]도 했습니다. 또 이때 회장의 가장 앞 열에는 법의를 입은 마하보디 사원의 최고위 승려들이 앉아서 듣고 있었습니다. 그러한 상황에서 설법했습니다.

그때까지는 그 회장에서 과거 최대 규모의 동원 수는 티베트로부터 망명한 달라이 라마 강연회에 모인 2만 5,000명이었다고 합니다만, 내 강연회에는 막으로 칸막이를 해서 들어가도록 한 회장에 4만 명 이상이 모였던 것입니다. 더군다나 강연 중에도 끊임없이 사람들이 왔었지만, 회장에 들어가지 못하고, 바깥에서 들어가고자 하는 사람도 많이 있는 상황이었습니다.

그처럼 나는 인도의 전통불교에서 최대 사원 중 하나이며 불타가 깨달음을 얻었다고 여겨지는 보리수의 손자거나 증손자에 해당한다고 하는, 큰 나무가 있는 것을 긍지로 여기는 사원에서, 과거 최대의 강연회를 했던 것입니다. 내 설법을 듣기 위해 많은 사람이 맨발로 몇 킬로미터나 걸어왔었다고 들었습니다.

앞에서 서술한 것처럼 인도에는 현대의 차별철폐를 목표로 삼는 신불교도 있어서, 그 지도자는 나처럼 신사복을 입고는 있었

---

11) 야외설법 : 2011년 3월 6일 인도의 부다가야에서 '진정한 불타와 새로운 희망The Real Buddha and New Hope'이라는 제목으로 설법을 했다. ≪오오카와 류우호오 인도·네팔 순석의 궤적≫ (행복의 과학 출판 간행) 참조.

습니다만, 이 신불교보다 더 새로운 불교인 행복의 과학에 귀의한 전통적인 불교 승려는 상당한 수가 있습니다. 즉, 절에 속하면서도 행복의 과학에 귀의한 사람은 많이 있습니다.

민족성이나 국가의 테두리를 꿰뚫고 나가지 않으면 안 되는 '최고신의 정의'

물론 행복의 과학 신자 중에는 불교 신자 이외에도 이슬람교도나 기독교도, 그 외의 종교를 믿는 사람도 있습니다.

다만 각각의 종교에 최고신을 자칭하는 존재가 있으면서, 결국 그것은 '민족성'이나 '국가의 테두리'에 얽매인 것이므로, 최종적으로는 그것을 꿰뚫고 나가지 않으면 안 됩니다.

앞에서 서술한 것처럼 유대교라는 것도 전통이 있어서 여러 종교에 영향을 준 것이기는 합니다만, 유대교의 신을 '유대인만을 사랑하는 신'이라고 정의할 경우, 그것은 '창조주'도 아니거니와 'One God'이나 '모든 인류의 아버지'일 수는 없다고 생각합니다.

확실히 유대교의 가르침 중에도 '최고신의 가르침'은 당연히 흐르고 있을 것으로 생각합니다. '그 가르침 가운데에서 민족성을 넘은 보편적인 것이 The God의 가르침을 이어받은 것이다'고 생각해도 좋겠지요. 또 그러한 흐름은 힌두교나 중국의 오래된 도교 등에도 그 가운데에 들어 있을 것으로 생각됩니다.

한편 일본의 종교관은 상당히 희박해져 있어서, 신도神道에는 '토리이鳥居(신사 입구에 있는 기둥 문)를 지나가는 것만으로 신자가 될 수 있다', '참배 길 한가운데는 하느님이 지나간다', '2번 박수치면서 인사를 한다' 등 이러한 형태의 부분은 중시되고는 있습니다만, 가르침의 부분은 유감스럽게도 확실하지 않고, 불교적인 것으로 보완하고 있습니다.

게다가 불교에서도 그 흐름 속에는 너무 철학적인 모습이 되어서 '진실한 신의 가르침이란 무엇인가'를 잘 알 수 없는 면도 있습니다. 지상에 태어난 불타가 인간으로서의 생애를 80년 남짓 보냈음에도 불구하고 '천상천하 유아독존', 즉 '하늘 위에도 아래에도 자기보다 고귀한 사람은 없다'라고 말한, 그 말의 진의를 알 수 없게 되었습니다.

인간이 만든 가르침이라는 의미에서 철학은 인간이 만들 수 있다고 간주하고 있어서, 현재는 불교를 '종교와는 다른 것으로, 일종의 유물론 성향도 띤 인생학, 철학이다'라고 받아들이는 경향도 있습니다. 학자 중에도 나아가서는 일부 사원 중에도 이러한 생각을 하는 사람은 있습니다.

하지만 그렇다고 한다면 불교사원이 죽은 사람에 대해 법요를 하거나 무덤을 지키는 의미는 거의 없는 것이 아니겠습니까?

'죽으면 끝'이라면, 무덤을 유지할 필요는 없어서, 예를 들면 도쿄 도심에도 아오야마靑山 묘원 등도 있습니다만, 저 정도로 땅값이 비싼 곳에 무덤을 많이 만들어 둘 필요는 없습니다. 전부 없애고 건물을 세우는 쪽이 자산효과로는 상당히 높을 것입니다만, 없어지지 않는 것은 역시 사람들이 믿는 부분이 있기 때문일 것으로 생각합니다.

04
신앙과 현대사회에서의 직업 균형

오래된 종교의 결점을 극복하는 새로운 종교

이렇게 보면, 어느 종교에도 일장일단이 있어서 완전한 것은 없습니다.

다만 '뒤에 나오는 것일수록, 앞에 있는 것의 결점을 극복하여 한층 더 종합적인 것, 한층 더 지고地高의 것을 낼 가능성은 크다'라고 생각합니다.

행복의 과학은 1981년의 내 대오大悟에서부터 시작되었고, 1986년에 입종立宗하여 1991년에 종교법인으로서 인정을 받았습니다. 이 규모로 인정받은 종교로는 가장 새로운 것입니다. 그러면서도 이미 일본을 대표하는 종교임은 확실합니다.

실제로 그 활동을 보면 알 수 있는데 행복의 과학보다도 활발하게 활동하는 종교는 유감스럽게도 찾아볼 수 없습니다. 물론 행복의 과학 흉내를 내려고 하는 종교는 있어서 책을 발매하거나, 애니메이션을 만들거나, 영화를 만드는 등의 여러 가지 노력을 하고는 있습니다. '행복의 과학이 한 것을 흉내 내면 퍼지는 것이 아닐까'라고 생각해서 흉내를 내는 면도 있을 것입니다.

하지만 현재 우리 앞에는 이미 본보기가 되는 것은 없습니다. 따라서 자기들이 길을 열어서 그 길을 다지고, 뒤에 오는 사람들이 따라올 수 있게 해야 한다고 생각합니다.

비즈니스 지도자가 해야 할 신앙의 실천

그런 의미로 일단 '청동의 문'을 밀고 그 신앙 공간 안에 들어간 분들은, 몇십 년의 인생을 살아가는 동안에 여러 가지 것을 경험하실 것입니다. 신앙을 가졌기에 비판을 받거나, 괴로운 꼴을 당하거나, 업무상 불리해지기도 할 것입니다.

예를 들면 현대는 유물론 계통의 학문이 주류가 되고 있으므로, 학생이 행복의 과학 신자가 되면, 유물론적으로 학문을 생각하는 교수 등이 볼 때 '이 학생은 좀 안 되겠구나'라고 간주당하고 불리한 결과를 받을지도 모르겠습니다.

게다가 회사에 다니고 있어도, 조심하지 않으면 신앙을 가지고 있음으로써 '회사 전체의 지도자가 될 수 있는지, 엘리트가 될 수 있는지, 걱정되는구나'라고 간주당할 수도 있을 것입니다.

영화 '잘 있거라 청춘, 그래도 청춘'(제작 총지휘 오오카와 류우호오, 2018년 5월 공개)에도 나왔습니다만, 회사여도 '신앙심을 갖는 것과 엘리트가 되어 회사를 짊어지고 가는 것을 양립할 것인가 하지 않을 것인가'라는 문제는 있습니다.

물론 '신교信敎의 자유'가 있어서, 회사에서도 각자가 개인적으로 어떤 종교를 믿어도 상관없다고는 생각하고 있을 것입니다.

다만 신앙을 가진 사람이 회사에서 엘리트가 되어 많은 부하를 두게 되면, 즉, 부장이 되고 임원이 되고 사장이 되어, 회사 전체에 지휘나 명령을 내리게 된다면, 때에 따라서는 회사 자체가 완전히 바뀌어 버리는 일도 있을 수 있습니다.

예를 들면 이슬람교도인 사장이 되면, 회사 전체가 이슬람교가 되었다는 식으로 바뀌는 모습이 될지도 모르겠습니다. 혹은 기독교는 역사가 길기에 좋을 것이라고 해서, 기독교인이 사장이 되었을 때 '내가 기독교인이기에 사원도 전원 기독교로 개종하라'라고 말한다면 모두 저항할 것으로 생각됩니다. 원래 기독교인이었던 사람들은 상관없을지도 모르겠습니다만, 그 부근의 가감은 있는 셈입니다.

공적인 직업과 신앙의 실천

또 대법원 판사에 기독교인이 취임하는 예도 있습니다. 단, 그 경우는 자기의 신앙은 신앙으로서 가지면서도, 직업상, 국가 법률과 과거의 판례 등에 비추어보고 '재판관이라면 누구라도 그렇게 생각할 것이다'라는 판단을 하는 사람을 선택했을 것입니다. 기독교인으로서는 '사형제도에는 반대다'라고 생각하는 사람도 있겠지만, 만일 대법원 판사라는 입장에 설 때는, 국가의 재판관으로서 직업을 가진 이상, 엄격한 판단도 필요해지는 셈입니다.

예를 들면 '등교 중의 유치원 아동을 덤프차로 일부러 몇십 명이나 치어 죽였다'는 사건이 있으면 역시 용서할 수 없을 것이며, 범죄로서 엄중히 처벌해야 합니다.

그러한 직업적인 괴로움은 어디에도 있습니다만, 지위가 높아지면 높아질수록 영향력도 늘어나고, 여러 사람으로부터 비판을 받을 때도 있을 것이고 '자기의 양심'과 '세간의 상식'이라는 사이에서 딜레마가 되는 일도 많을 것으로 봅니다. 이것이 대단히 어려운 면이 아니겠습니까?

현대 영향력을 가진 직업이라면, 저널리즘 등이 해당됩니다. 그래서 텔레비전 방송국이나 신문사, 혹은 출판사, 잡지사 등은 여론에 큰 영향을 주고 있습니다.

이 일을 하는 사람도, 국가 헌법 아래 '신교의 자유'는 있으므로, 비록 대형 텔레비전 방송국에 근무하고 있어도 신앙을 갖는 것은 상관없으므로, 일본 같으면 좌익 계통인 아사히 신문사에 근무하는 사람이 행복의 과학 신자여도 별로 개의치 않습니다. 그것은 회사에서 해고할 이유가 되지 않습니다.

참고로, 아사히 신문의 논단기사를 교대로 쓰는 사람 중 한 명은 행복의 과학 신자라는 소문이 있습니다. 겉으로 드러낼 수 없을 것으로 봅니다만 '그 사람의 집필 차례가 되면 갑자기 행복의 과학 논조와 같은 논설이 나온다'고 말해지고 있습니다.

물론 요미우리 신문이나 마이니치 신문, 산케이 신문 등의 신문사에도 신자는 있고, 텔레비전 방송국에도 있습니다.

다만 그러한 회사에 다니는 이상 회사마다의 방침이 있어서, 거기서 용인되는 범위 내에서만 의견을 말할 수 있는 한계는 있을 것으로 생각됩니다. 따라서 이 부분에서 싸우고 있을 것입니다.

확실히 이것은 지혜의 부분으로써 필요한 면도 있을지도 모르겠습니다. 가족을 지키고 자기 생활을 지켜야만 한다는 의미로는 어느 정도는 용인하지 않을 수 없다고 생각되는 면도 있습니다.

그렇지만 그대로 해도 좋다는 것은 아닙니다.

교회나 신사, 불각 등의 교단시설에 들어갈 때는 '완전한 신앙'을 가지고 있다가, 거기서 나간 다음에는 카멜레온처럼 세간의 색으로 변하는 일도 있을 것으로 생각됩니다만, 그랬다고 해도 차츰 신앙에 대한 자신을 가지고, 인간으로서의 자각을 가져야 합니다. '신앙을 가진 인간'으로서도 여러 직업에서 제대로 인정받는다는 것도 중요한 셈입니다.

세세한 곳까지 신앙교육이 너무 도달할 경우의 문제

다만 너무 구체적으로 세부적인 데까지 신앙교육이 도달하면 직업이 성립하지 않을 때도 있습니다.

예를 들면 불타 재세 때 '원시불교'라고 말해지는 초기 때의 불교라면 '생물에 위해를 끼치지 않는다'는 말을 하고 있었습니다. 불타는 '인간이나 다른 생명을 가진 것의 목숨을 빼앗아서는 안 된다'는 가르침을 설하고 있었으므로, 물고기를 잡는 어부도 짐승을 잡는 사냥꾼도, 부정 탄 면이 있게 되는 셈입니다만, 그렇게 되면 그 직업은 성립하지 않게 됩니다.

한편 기독교의 예수는 갈릴리 호수에서 물고기를 잡고 있었던 어부 중 몇 명을 최고 간부로 삼아서 데리고 갔습니다. 수많은 물고기를 죽인 사람들이 열두 제자에 들어있다는 것은 살생을 개의치 않은 것으로 판단됩니다.

또 음주에 대해서는 불교의 경우, 오계五戒 속에 '불음주계不飮酒戒'가 있어서 술을 마시면 안 됩니다만, 기독교의 경우, 예수는 포도주를 마시는 것을 좋아했는지 그것이 의식이 되어있습니다. 예수가 '포도주는 내 피다. 내 피를 마셔라. 내 육체를 먹어라'라고 했던 것이, 포도주를 마시고 과자와 같은 빵을 먹는 의식으로 남아 있으므로, 개조開祖의 개성 차이는 있습니다.

이처럼 세계적인 종교라도 다소의 차이가 있는 경우에는 약간의 알로윈스allowance(허용 범위)가 있다고 할 수 있으며, 교주가 가진 성격에서 비롯된 영향도 있다고 생각해야 할 것입니다.

너무 극단화한 자이나교에는 무리가 있다

다만 너무 극단적이 되면 무리는 있습니다.

예를 들면 불타 시대에 불교의 라이벌 교단으로서 자이나 교단이 있었습니다. 당시의 자이나교에서 '중흥의 원조'라고도 할 수 있는 마하비라는 사람은 24대째에 해당합니다만, 1세대를 30년이라고 생각해도 불교보다도 몇백 년 이상은 오래된 종교에 해당됩니다.

불교에서는 '목숨을 소중히 여겨라'라는 것을 상당히 설하고 있었지만, 자이나교도 철저한 불살생不殺生이었습니다. '생물을 죽이지 마라'는 것에서는, 예를 들면 '공중의 생물을 빨아들여서는 안 된다'라고 해서 숨도 편하게 쉴 수 없을 정도이며, 항상 마스크를 쓰고 다니는 사람도 있었습니다. 또 개미 등을 밟아서는 안 되므로, 작은 빗자루를 지니고 다니면서 길을 쓸면서 걷는 사람도 있었습니다.

그처럼 자이나교에는 불살생을 철저히 하는 면이 있으므로 불교도 그 영향을 조금 받았던 것일지도 모르겠습니다.

참고로 옛날에 내가 인도에 갔을 때, 모기가 너무나 많았으므로 '이것은 어떻게 할 수 없나'라고 말한 적이 있었습니다. 부다가야 쪽으로 갔을 때 숙박한 호텔은 현지에서는 제일 좋은 호텔로 여행사가 잡아준 숙소였습니다.

그럼에도 불구하고 모기가 많은 상태였습니다. 더구나 일본의 모기처럼 연약한 것이 아니라, 말이나 소 등을 물 수 있을 만큼 상당히 '센 놈'이었습니다. 그만큼 인도인의 피부는 튼튼한지 모르겠습니다만, 일본 모기라면 물 수 없다고 생각되는 피부도 물 만큼 강력한 모기였습니다.

그와 같아서 '나무아미타불'이라고 했는지 아닌지는 확실하지 않습니다만 '불타여, 전통적인 살생의 죄를 용서하소서'라고 말하면서, 어느 정도 줄이지 않으면 밤새도록 잘 수 없는 상태였습니다.

다만 현지 운전자나 가이드는 호텔 비용을 아끼기 위해서였는지 자동차 안에서 잠을 자고, 모기가 많이 있는 곳을 다니고 있었습니다만 '모기에 물려서 아프지 않습니까'라고 물었더니 '물리면 아프지요'라고 대수롭지 않게 여겼습니다. 일단 아프기는 아픈 것 같습니다만, 현지인들이라 익숙해진 면은 있었던 것 같습니다.

참고로 불교에는 선향이 있습니다. 그러한 것에는 모기를 멀리한다는 의미도 있었던 것은 명확합니다. 역시 불타는 모기에게 물리는 것을 별로 좋아하지 않았던 것은 명백합니다. 그 때문에 모기를 죽이고 싶었던 것은 아니었겠지만, 선향을 싫어해서 접근하지 않기를 바라는 마음은 있었다고 봅니다.

불타 시대는 야외선정을 하고 있었으므로, 숲이나 수풀 속에서 행하면 역시 모기에 물릴 수밖에 없습니다. 그러한 것도 감안해서 선향을 피우는 습관이 생겼던 것입니다.

다만 선향을 너무 피우면 산소가 부족하게 되어 목이 아프게 되므로 약간 곤란한 면은 있습니다. 그래도 모기를 쫓는 선향을 켜지 않은 채 수행을 하면 여기저기를 물려서 명상에 지장이 생길 것 같습니다.

　여기에서는 자이나교와의 차이가 명확합니다. 불교에서 선향을 피운다는 것은, 아마도 '살생을 해서는 안 되지만, 명상을 방해하는 것은 더 나쁜 죄다'라고 생각했었던 것이 틀림없습니다. 이 부분에 이 세상과의 융합하는 면이 있었던 것입니다.

05
민족이나 국가의 테두리를 넘은
신앙의 길로 들어가라

힘을 다하여 좁은 문인 '청동의 문'을 밀고 들어가라

이상으로 여러 가지를 서술해 왔습니다만, 결국 본 장에서 내가 서술하고 싶은 것은 '힘을 다하여 좁은 문인 청동 문을 밀고 들어가라', '용기를 가지고 결단하여 신앙의 길로 들어가라'는 것입니다.

어떤 의미로 세속에서 오는 공격이나 이 세상에서의 가치관의 차이에서 오는 공격은 있을 것입니다. 이 세상에서 위인가 아래인가, 좋아하는가 싫어하는가에 의한 공격, 혹은 당신이 이익을 얻을 수 있는가 손해를 볼 것인가 하는 이익유도, 업무상의 손익, 가족 간의 문제 등 여러 가지 것이 들어올 것으로 생각됩니다.

하지만 일단 '청동의 문' 안에 들어갔다면 '신앙을 지킨다'는 것을 굳게 생각해야만 합니다.

여러 종교가 '신'을 모시고 있습니다. 그 신 중에는, 물론 복수성複數性이 있는 소문자의 'gods'도 있습니다만, 일신교를 외치는 종교에서는 '신God은 한 명밖에 없다'라고 말하는 곳도 있습니다. 그래도 역시 그 가르침이 민족성이나 국민성, 국가 테두리 등에 영향을 받고, 세계 사람들에게까지 미치지 못한 면도 많을 것입니다.

하지만 '이러한 부분도 넘어서서 세계 사람들에 대한 마음의 양식이 되고, 사람들을 살릴 수 있는 종교가 아니면 안 된다'는 입장이 행복의 과학 사고방식입니다. 행복의 과학에서의 '신'이란 그러한 의미입니다.

세계에는 다양한 'gods'가 있을 것이고, 일본에도 다양한 '부처님'이나 '하느님'이라고 말해지는 존재가 많이 있습니다만, 그것은 '신God까지의 사이에 다양한 역할을 가진 고급신령이 존재한다'는 것입니다. 각각 종파의 성격이나 특색을 가진 신앙이 있는 것에 대해서는 '시대적으로는 있을 수 있다'라는 점에서 행복의 과학도 받아들이고 있습니다.

다만 최종형태로서는 '구름 위를 뚫고 나온 태양과 같은 신앙을 가지지 않으면 안 된다'고 생각하고 있습니다. 이 지상에 사는 모든 존재를 다 기르고, 사랑하고, 이끌려고 하는 'God'에 대한 신앙을 가져야만 합니다.

그런 의미로 행복의 과학에서의 신앙은 (지구계 영단의)지고신인 엘 칸타아레, 오직 한 명입니다. '주ᄎ'란 '주인'이라는 의미입니다만, '마스터'라는 의미로의 스승은 세상에 많이 존재할 것입니다. 하지만 "신앙에서의 최종적인 마스터인 '그랜드 마스터', 혹은 '주'로서의 신은 엘 칸타아레 오직 한 명이다"라는 것을 명심해 두십시오.

이런 의미로 '엘 칸타아레 신앙'은 인류 역사상 처음 밝혀진 신앙입니다. 행복의 과학은 아직 입종으로부터 30년 남짓의 역사밖에 가지고 있지는 않습니다만, 그 30년 남짓의 역사 속에서 지구 전체를 감싸는 가르침을 세우려고 하는 것입니다.

'최후에는 모든 것을 버려서라도 신앙을 택한다'는 경지로 한다

이러한 신앙 공간 속에서 신앙을 계속 지킨다는 것은, 이 세상에서의 타산이나 이해와 같은 눈으로 본다면, 피해를 보거나 손해를 보는 것처럼 보이거나 '바보 같은 짓을 하는군요'라는 말을 들을 때도 있지만, 그러한 것을 수십 년의 삶 속에서 많이 받는 것은 당연한 일이라고 생각하고 있습니다. 하지만 그 가운데를 신앙으로써 자기 자신을 지키면서 힘차고 꿋꿋하게 살아주면 좋겠습니다.

지금은 '여러 신앙이라도 좋습니다'라고 말하고, 실제로 그러한 마음도 있습니다. 다만 그것이 치우쳐서 모든 사람을 행복하게 하는 데까지 가지 못한 신앙이라면, 방편의 가르침으로서 있어도 괜찮다고는 하되 '최후는 그것을 꿰뚫고 나가서 엘 칸타아레 신앙으로 이어진다'는 마음을 가져주십시오.

'보조신'으로서 수많은 신이 있다는 것은 인정합니다. 그것을 부정할 생각은 없습니다. 하지만 그것이 '세계 종교', 혹은 '세계 신'으로서의 신에 대한 신앙을 방해하는 것이라면, 역시 그러한 것을 극복해 주기를 바랍니다.

최후는 신앙을 택해야 합니다.

특히 나이가 많아져서 인생의 최후를 맞이하려고 하는 사람은 특별히 신앙을 소중히 여겨 주십시오.

젊을 동안에는 아직 이 세상에서 필요한 것도 많고 손을 뗄 수 없는 것도 있을 것입니다. 갈등이나 시련은 많이 있다고 생각됩니다.

하지만 점점 나이가 들면 저 세상이 가까워집니다. 나이가 들고 나서 신앙을 버리는 일은 지금까지 노력해서 쌓아 올려 왔던 것을 모두 버리는 것과 거의 같습니다.

역시 나이가 들수록, 점점 위로 올라갈수록 '최후에는 신앙이 남으면 좋다'라는 마음으로 지내 주십시오.

기적은 많이 있습니다. 신앙의 증명으로서 기적은 많이 일어납니다. 다만 최종적으로는 누구 한 사람 이 세상에 머무를 수는 없습니다.

'이 세상을 떠난 뒤에는 전혀 아무것도 없는 세계가 있는가? 자기도 포함해서 무엇이든 다 없어지는가', 혹은 우리가 말하는 것처럼 '저 세상 세계가 있어서 수많은 생명은 계속 살아가고, 그 가운데에 질서 있는 영계 세계가 전개하고 있는가', 그 어느 쪽인가가 됩니다.

다만 나는 영계에 그러한 질서가 있다는 증명을 하고 있습니다.

믿는다면 따라와 주십시오.

그리고 부디 '청동의 문'으로 신앙을 계속 지키며 평생을 관철하는 것으로 해주십시오.

종교를 옮겨 다니면서 믿는 사람도 있습니다. 여기저기를 돌아다니는 사람이 많이 있습니다만, 그것은 한 가지 직업을 관철한 사람보다도 어떤 의미로 인간으로서 절조가 없게 보이는 면도 있는 것이 아니겠습니까?

각자가 신이 가진 성질의 일부를 가진 것은 사실입니다만, 진실한 신앙에 도달했다면 '자기에게 이익이 있을 때는 믿고, 이익이 없어지면 믿지 않는다'는, 각자가 신이 된 것 같은 판단만 하지 말고 부디 '위대한 존재에 귀의하고, 최후는 모든 것을 버려서라도 신앙을 택한다'는 경지를 목표로 할 것을 기대하고 싶습니다.

신앙의 실천으로 '철의 기둥' '청동의 문'이 될 수 있다

신앙 깊이 살고 있다고 하면서도

사랑을 주는 일 없이 산다고 하는 것은 없습니다.

왜냐하면

신앙이란 진실한 신을 계속 생각하는 마음이며

신을 염한다는 것은

신이 가지고 계신 것을 자기 자신도 가지고 싶다고

반드시 생각하게 되기 때문입니다.

그러면 신이 가장 염하는 것은 대체 무엇입니까?

그것은 여러분 한 사람 한 사람에 대한 사랑이 아니겠습니까?

애초에 여러분을 창조하고

여러분을 이 땅에 충만하게 만들고

여러분에게 빛과 물과 식량을 주고

몇 번 지옥에 떨어지는 일이 있었다고 해도

그것으로 목숨을 소멸시키는 일도 없이

연면하게 그 생명을 오래 계속해서 살게 하는 신은
사랑의 덩어리가 아니고 대체 무엇이겠습니까?
그것은 사랑 이외에 될 수 없을 것입니다.

신앙이라는 것이 신으로 향하는 길이라면
그 신앙이 진짜이면 진짜일수록
여러분의 사랑은 깊어지고
여러분의 사랑은 진짜가 되어 갈 것입니다.

'진정한 사랑이란 무엇인가?
그것은 아직 깨닫지 못한 사람들에게
여러분이 무엇을 할 것인가가 아니겠는가?
그 한 발을 어떻게 할 것인가?
그 한마디를 어떻게 할 것인가?
그것이 사랑이 아닌가?
여러분은 오늘을 경계로 하여
신앙심에 눈을 떠야만 한다.
신앙심에 눈을 뜰 때
여러분은 참으로 강해질 것이다.
여러분은 철의 기둥이 될 수 있다.

신앙을 앎으로써, 실천함으로써
철의 기둥이 될 수 있다.
여러분은 신앙을 실천함으로써
청동의 문이 될 수 있다.
어떠한 것도 밀어 부술 수 없는
청동의 문으로 화할 수 있는 것이다.

여러분은 이 신앙이라고 하는 두 글자를 가지고
철의 기둥도 되고, 청동의 문도 될 수 있는데
왜 그런 연약한 존재로 계속 지내는가?
강해져라.
용기를 가져라.
일어서라.'

청동의 법

청동의 법

| 제 4장 |

우주 시대의 개막

자유 · 민주 · 신앙을 퍼뜨리는 미션에 산다

01
우주인 정보의 최첨단을 가는 행복의 과학

행복의 과학이 많이 내는 '우주인'이나 'UFO' 관련 서적

행복의 과학은 지금까지 우주 관련 영화[12]를 많이 제작해 왔습니다.

물론 독자 여러분 중에는 '우주'에 대해 관심이 없는 사람, '우주인'이나 'UFO' 등에 관해 관심이 없는 사람, 믿지 않는 사람이 있을 것입니다. 하지만 본 장에 대해서는 호의적인 마음으로 읽어주기를 간절히 바라는 마음입니다.

민주주의는 다양한 언론, 여러 가지 표현의 자유에 의해 성립되었습니다. 그런 의미로 내 설법에는, 언뜻 보기에 정부견해나

---

12) 우주 관련 영화 : 애니메이션 영화 '태양의 법', 'UFO학원의 비밀', '우주의 법 - 여명편'(모두 제작 총지휘 오오카와 류우호오) 등 참조.

'상식'이라는 것에 속박되지 않는 것도 많이 나옵니다만, 그러한 자유를 인정함으로써 또 미래에 새로운 선택사항이 생겨난다고 생각하고 있습니다.

다만 나로서도 그러한 '우주의 법'을 설하는 것은 대단히 위험이 많은 일이라고 생각하고 있습니다.

나는 2018년 생탄제에서 본 장의 바탕이 되는 설법을 할 때, 일반서점에 나열된 우주인이나 UFO에 관한 내 저서[13]도 가볍게 다시 읽어 보았습니다만, 적지 않은 양이 나와 있어서 놀랐습니다.

설마 나 자신도 이 정도로 내고 있었다고는 생각하지 못했습니다. 외부에 내지 않은, 내부출판으로 낸 것은 그 이상으로 더 많이 출간되었습니다. '어느새 이 정도나 냈는가'라고 느껴질 정도입니다. 나로서는 '1년에 두세 번은 우주에 관한 이야기도 하고 있었겠지'라는 마음으로 지냈습니다만, '이 정도로 나와 있었는가'라고 새삼 놀랐습니다.

---

13) 우주인이나 UFO에 관한 저서 : 우주인이나 UFO에 관한 저서는 서점 판매용 서적 및 행복의 과학 내부 배포용 경전을 합쳐서 50권 이상 출간했다(2018년 10월 시점).

세계의 UFO 연구자도 놀랄 만한 정보를 가지고 있다

한편 그들 책의 내용을 보고, 만일 그것을 믿을 수 있다면 '행복의 과학은 미국의 나사NASA(미 항공우주국)나 할리우드 등이 가지지 못한 정보까지 가지고 있다'는 것이 됩니다.

다만 그 내용이 어떠한 것인지에 대해서는 책만으로는 알기 어려운 것도 있을 것이므로, 앞으로도 영화 제작 등에 의해 더욱 많은 사람이 알아주실 수 있도록 노력을 시도해 가고 싶습니다.

일본에서는 '세계 제일'이라는 것은 그다지 많지 않습니다만 'UFO 후진국'이라고 말해지고 있던 일본도, 지금 행복의 과학이 나타나서 의외로 'UFO 최선진국'이 되고 있습니다.

물론 행복의 과학 가르침의 내용을 모두 해외용으로 번역한 것은 아닙니다만, 그 모든 정보를 보면, 아마도 세계의 연구자들도 놀랄만한 내용이 들어 있습니다. 행복의 과학 가르침에는 '이 정보는 쉽게 얻을 수 없다'라고 생각되는 것이 상당히 많이 들어 있습니다.

'UFO'나 '우주인' 관련 가르침은
삼십여 년 동안 거듭해 왔던 것의 일부이다

　이것은 일종의 도전입니다. 나는 24살에 대오大悟하고 30살에 입종立宗했습니다. 그리고 아직까지 젊기는 하지만, 이제 곧 62살 (설법 시점)이 되는 시점이 되어, 일반 사회에서는 대체적으로 은퇴할 정도의 나이가 되었습니다.

　행복의 과학은 내가 30살 정도부터 시작하여 항상 '젊다'는 말을 들어왔던 종교입니다만, 삼십 년이 넘어서고 드디어 나도 환갑을 지나고 나니 여러 가지 말을 해도 부끄럽지 않은 나이가 된 셈입니다.

　매스컴 가운데에는 여러 가지로 행복의 과학을 비판하거나 야유하는 사람도 있습니다. 하지만 옛날에 그랬던 사람들도 나와 같은 정도의 나이였습니다만, 지금은 내가 나이가 많아졌습니다. 그리고 당시 나를 쫓아다니던 작가나 카메라맨들은 이제 모두 리더가 되어서, '대표님, 예전에는 취재를 위해 몰래 자동차 뒤쪽에 숨어 있기도 하셨죠?'라는 식의 에피소드를 가볍게 이야기하고 있습니다. 그 의미로는 역시 행복의 과학에는 '30년간 살아남은 강함'이 있다고 생각합니다.

　그와 같은 것이어서, 본 장의 내용도 단지 UFO에 대해서라든지 우주인에 대해서라고 하는 기기묘묘奇奇妙妙한, 이 세상에서 믿을 수 없는 비학문적이고 비과학적인 내용을 그냥 말하고 있는 것은 아닙니다.

그것은 삼십여 년간의 활동 실적을 거듭해 온 면이 있어서, 그 가운데의 일부로서 내가 탐구하여 결론으로 얻은 것을 여러분에게 가르치는 내용입니다.

'저 세상이나 혼, 신불은 믿을 수 없다'고 답하는 일본인도 한편에서는……

물론 이것을 믿지 않더라도 행복의 과학에서는 그 외에도 '인생의 진리'라고 생각되는 가르침을 많이 설하고 있습니다. 그것들을 공부해 보면 종래의 불교 신자여도, 기독교도여도, 철학자여도, 충분히 이해가 가는 내용이 설해져 있을 것입니다.

다만 일본인은 공식적으로 '저 세상을 믿습니까', '신앙심은 있습니까', '종교를 믿습니까'라는 질문을 던져보면 '20퍼센트, 30퍼센트 정도의 사람밖에 믿지 않는다'는 식의 결과가 나옵니다. 이 숫자는 이웃 나라인 중국의 숫자와 별로 다르지 않습니다.

한편 질문 형식을 바꾸어서 '당신은 조상 공양을 하고 싶습니까', '백중이나 여름휴가 등에 고향에 돌아가서 성묘하고 싶습니까' 혹은 '정월에 신사 참배를 하고 싶습니까', '가끔은 교토京都의 사찰을 순례하거나, 신사 순례를 하거나, 이세 신궁伊勢神宮에 가 보고 싶은 마음이 들 때가 있습니까', '부적 등을 신사에서 받아서 가지고 다니면 효험이 있을 것 같은 생각이 듭니까'라는 식으로 물어보면 어떻습니까?

그러한 종교적인 기분을 포함한 질문을 하면 '일본인의 60퍼센트에서 70퍼센트의 사람은 신앙심과 같은 것은 가지고 있다'는 결과가 나옵니다.

아마도 이것은 교육의 결과일 것입니다. 일본인은 '평소의 생활 속에서 저류에는 종교가 흐르고 있어도, 공식적으로는 교과서를 통해 배운 적이 없는 것에 대해서는 답할 수 없다'는 습성이 있는 것입니다.

그처럼 '저 세상 세계는 믿을 수 없다', '인간의 본질이 혼이라는 것도 믿을 수 없다' 그리고 '하느님이나 부처님은 믿을 수 없다'고 하는 사람은 일본에는 많이 있습니다.

유물론자여도 'UFO'나 '우주인'은 믿을 수 있는 이유

그리고 일본에서 또 하나 '믿을 수 없다'고 말하는 사람이 많은 것이 'UFO'나 '우주인'이라는 장르입니다.

다만 이것은 '저 세상'이나 '영靈', '신불'과 반드시 같은 경향을 나타내는 것은 아닙니다. UFO나 우주인에 관해서는, 이 세상에서 유물론자라고 말하는 사람이라도 믿는 사람은 있으므로 그 부분은 다릅니다.

확실히 저 세상이나 영을 믿는 사람은 UFO도 믿기 쉬운 경향이 있는 것은 사실입니다. 하지만 '영은 믿을 수 없지만, UFO는 있을 수 있다', '우주인은 있을 수 있다'라고 하는 사람도 있습니다.

우주에는 이 지구가 존재하는 '은하수' 이외에 몇조 개나 되는 은하가 많이 전개되고 있습니다. 그런 의미로 '지구와 같은 조건, 환경을 가진 별이 하나도 없다'고 믿는 쪽이, 무리라고 생각됩니다. 역시 '지구와 같은 환경을 가진 별이, 아마도 각각의 은하에 몇 개인가는 있을 것이다'라고 생각할 수 있습니다.

그렇다면 '지구인 정도로 고도의 지성을 가진 존재도, 또 아득한 우주에 살고 있을지도 모른다'고 생각하는 사람은 있을 것입니다.

연말에는 텔레비전에서 흔히 'UFO 관련 사실을 인정하는가 인정하지 않는가'라는 논쟁을 합니다만, 모 유명대학 명예교수처럼 "나는 영이라든가, 그러한 것은 믿지 않지만 '우주인이 없다'라고는 한 번도 말한 적은 없다"라고 주장하는 사람도 있습니다. 따라서 '그것은 있을 수 있다'고 생각해도 좋은 것이 아니겠습니까?

'UFO'나 '우주인' 정보로서 나사가 파악하고 있는 것

다만 행복의 과학에서 말하는 것은 그것보다 더 진보한 수준입니다.

지금의 할리우드나 나사에서 파악하고 있는 정보로는 예를 들면, 나사에서는 아폴로 계획으로 달에 몇 번이나 가서 "달의 뒷면[14] '더 다크 사이드 오브 더 문The Dark side of the Moon'에 인공물, 건조물이 있다"는 것을 이미 발견했으며, 그 영상 중에는 우주에 UFO와 같은 것이 날고 있는 모습까지 일부러 넣은 것도 있습니다.

그런 의미로는 '희미하게 알아차려라'라는 것으로 생각합니다만, 그 부분은 알고 있는 것입니다.

---

14) 달의 뒷면 : 2013년 3월 12일 수록 ≪다크 사이드 문의 원격투시≫(행복의 과학 출판 간행) 참조.

또 '미국 정부는 언제 발표할 것인가'라고 언제나 대통령이 바뀔 때마다 기대되어 온 일입니다만 "미국에는 '제51구역'이라고 하는[15] 비밀 공군기지, 우주인 관련 기지가 있는 것 같다"는 것도 알고 있습니다.

게다가 미국에는 북한에 의한 것이 아니고, 에이리언(이성인異星人)에 의해 납치 당한 사람을 추적하는 기관도 있습니다. 그것을 유머러스하게 그린 것으로는 '맨 인 블랙'(1997년 공개한 미국 영화, 시리즈 3번째 작품까지 공개되었다)과 같은 작품이 있으며, 그러한 영화를 본 사람도 있을 것입니다만, 정부 기관이 관계해서 조사하고는 있습니다.

그처럼 '에이리언에 의한 납치가 행해지고 있는 것 같다'는 것에 대해서는, 그러한 의혹이 있는 사람에게 의사가 퇴행 최면을 걸어서 과거의 기억을 상기시켜 보면, 똑같은 현상이 몇 번이나 반복해서 나오는 것을 알고 있습니다.

또 에이리언에 의해 코의 안쪽에, 칩이라고 말해지는 쇠붙이 조각이 삽입되어진 경우도 많이 나타나 있습니다. 그처럼 물증으로는 이미 나와 있는 셈입니다.

---

15) 제51구역 : 2011년 8월 4일 수록 ≪네바다주 미군기지 제51구역의 원격투시에 도전한다 - 과연 우주인은 지구에 실재하는가≫ ≪네바다주 미군기지 '제51구역'의 원격투시≫(행복의 과학 출판 간행) 참조.

게다가 에이리언이 타고 있을 것으로 간주되는 UFO 영상도, 현재 누구나 카메라나 스마트폰 등 여러 가지 것으로 찍을 수 있게 되었으므로, 그 양은 상당히 많아졌습니다.

　주목받은 것은 1947년의 '로즈웰 사건'입니다만, 이 사건 이후 UFO가 많이 나타난 것이 알려져 있으며, 그러한 촬영 기술이 일반인까지 가능하게 됨으로써 UFO를 발견하는 비율은 상당히 높아졌습니다.

02
지구에는 500종류 이상의 우주인이 와 있다

일설에서는 미국에는 몇백만 명에서
천만 명을 넘는 사람들이 납치 당한 적이 있다

일본도 수많은 UFO가 나오는 'UFO 다발지역'입니다만, UFO 후진국이었으므로 그것이 전해지지 않았던 것입니다.

그런데 최근에는 그 수도 서서히 늘어나고 있습니다. 특히 영화 'UFO 학원의 비밀'(제작 총지휘 오오카와 류우호오, 2015년 공개)이 상영되고 난 다음은, 이러한 일에 대하여 텔레비전 등에서도 특집이 되는 일이 많아졌습니다.

다만 실제로 많은 사람이 UFO를 보고는 있어도 아직 '그것을 끌고 와서 눈앞에서 보여주는 형태는 되지 않는다'는 상황에 있습니다.

이러한 가운데 행복의 과학은 어디까지 밝혀내고 있겠습니까?

지금 미국에서는 에이리언에 의한 납치로 '그동안의 기억이 상실되어 본인은 잊어버리고 있지만, 수면 장애가 일어나거나, 기억 장애가 있거나, 때때로 몸의 변조가 나타나므로, 조사해 보았더니 우주인에 의해 납치당한 경험이 있는 것 같다'는 경우가 많이 나타나고 있습니다.

이에 관해서 일설에는 '미국에서는 몇백만 명에서 천만 명을 넘는 사람이 어브덕션abduction 경험자다'라고도 되어 있습니다. 이 숫자는 매우 크므로 쉽게 믿을 수는 없습니다만, 상당한 수의 사람이 경험한 것은 사실이라고 생각됩니다. 또 일본에서도 '그러한 사람이 나타났다'라고 최근에는 자주 밝혀지고 있습니다.

이와 같은 일은 현재 일어나고 있으며, 어느 정도 이해가 갈 것입니다. 세계 각지에서 일어나고 있고, 예를 들면 'UFO가 촬영되었다', 'UFO가 착륙한 자국이 있었다', '납치 당해서 무언가의 실험을 당했을지도 모르는 사람이 있다'는 것은 공통으로 말하고 있는 내용입니다.

이에 관해서 행복의 과학이 밝힌 것은 '지금에 와서 시작된 일이 아니다'는 것입니다.

먼 옛날에는 '지구에서 생명의 창조'도 행해졌습니다. 그 가운데에서, 지구인으로서 걸맞은 생명의 창조, 즉 '지구인 창조'도 행해졌다고 내 저서에도 쓰여 있으며, 영상에도 나타나 있습니다. 요컨대 여러분의 선배로서 창조된 존재가 있었던 것입니다.

그렇지만 '그것이 전부가 아니다', '다른 은하에서, 혹은 다른 혹성에서 지구에 불러온 사람들이 많이 있었다'는 것도 동시에 말하고 있습니다.

이 기간은 상당히 길어서, 몇억 년 전까지 거슬러 올라가서 써 놓았으므로, 규모가 너무 큰 것은 사실입니다.

다만 결론으로는 '지구에 공룡이 배회하고 있었을 때, 인류는 이미 존재했다', '지구에서 창조된 인류도 있었지만, 우주에서 온 자로서, 지구에서 생명을 유지할 수 있게 조건을 개선하여 산 사람들도 있었다'는 것을 서술했습니다.

영화 '우주의 법 - 여명편'에 그려진 우주인 정보와 창조주

이러한 내용에 대해 자세하게 그려진, 2018년 10월에 개봉된 영화 '우주의 법 - 여명편'(제작 총지휘 오오카와 류우호오)은 볼 가치가 있는 영화라고 할 수 있습니다. 미국의 할리우드 아카데미상 애니메이션 부문의 상을 받아도 이상하지 않을 작품이라고 생각합니다.

'종교가 조금 건방지지 않은가'라고 말하는 사람도 있을지 모르겠습니다. 하지만 이미 영화 '신비의 법'(제작 총지휘 오오카와 류우호오, 2012년 공개. 제46회 휴스턴 국제영화제에서 스페셜 주리 어워드WORLDFEST-2013 REMI SPECIAL JURY AWARD를 수상)과 전작인 영화 'UFO 학원의 비밀' 두 개는, 미국 아카데미상 애니메이션 부문의 전형 대상 작품으로서 뽑힌 것입니다. 안타깝게도 입선하지 못했습니다만.

이번 작품은 규모에서는 할리우드에서도 절대로 만들 수 없는, 더구나 발리우드[16]에서도 놀리우드[17]에서도, 홍콩 영화에서도 만들 수 없는 내용입니다.

일본에서 미국발보다도 훨씬 자세한 우주인 정보가 나오고 있다는 것을 알아주셨으면 합니다. 스필버그여도 이것을 보면 놀랄 것입니다. 그라고 해도 절대로 만들 수 없는 내용이기 때문입니다.

게다가 나는 이 내용 안에 '창조주란 무엇인가'라는 염도 담아서 그렸습니다. 지금까지 지구에서 생각되던 '창조주'와는 다른 창조주가 나와 있습니다. 지구에서 인류의 창조에 관계된 것은

---

16) 발리우드 : 인도의 오락영화 제작 중심지인 뭄바이, 혹은 뭄바이 영화산업 전반의 속칭. 미국 영화산업의 중심지인 '할리우드'를 비꼰 것.
17) 놀리우드 : 서아프리카에 있는 나이지리아의 영화산업 전반의 속칭. 나이지리아에서 연간 영화 제작 수는, 인도에 이어서 세계 2위가 되고 있다.

물론이거니와 '실은 그 창조주는 지구 이외의 별에서도 대표적인 우주인들도 창조하고 있었다'라는 데까지 깊이 파고든 것입니다.

현대 과학에서 이해되는 것으로서, 우주인과 지구인의 접근이나 조우와 같은 것이 말해지고 있습니다. 하지만 우주인은 지금 온 것이 아닙니다. 지구인의 조상 가운데 일부에는 아득한 옛날에 지구에 불려와서, 지구에 귀화하여 산 우주인도 들어 있습니다. 그들은 '그것이 어떻게 바뀌어 왔는가'를 지금도 추적하고 있습니다.

주된 것으로는 20종류 정도의 우주인이 와 있습니다. 나는 '우주인은 어느 정도의 종류가 있는가'에 대해 여러 형태로 리딩을 거듭해 왔습니다. 그랬더니 나 자신도 놀랐습니다만, 지구에 와 있는 우주인은 500종류를 넘었습니다.

여기에 '나사가 절대로 도달하지 못한다'라고 말하는 이유가 있습니다. '500종류 이상의 우주인을 내놓을 수 있기라도 한다면 내보이라'고 합니다만, 그것은 무리입니다.

그 500종류 이상의 우주인 중에서 특히 지배적으로 20종류 정도가 지구에 이미 와 있으므로, 이 부분의 연구를 진척시키고 있습니다.

지구의 민족이나 종교가 다른 진정한 이유, 그 루트란

그러한 우주인 중에는 지금 지구인이 가진 사고방식이나 성격, 살아가는 모습이 일부 정해진 것이 있습니다. 전부는 아닙니다만, 그들은 지구인의 육체로 조상 안에 깃들 수 있는 혼으로서 들어간 적이 있습니다. 그리고 지구에 적응하면서 살아왔습니다.

이러한 일이 부족이나 종교가 여러 가지로 다른 이유이기는 합니다만, 그것을 지난 몇천 년의 역사만으로 설명하는 데에는 다소 무리가 있다고 나는 생각합니다.

'진화론'을 설한 다윈은 마치 '유물론의 시조'처럼 말합니다만, 다윈 자신은 하느님을 믿었던 사람이며, 원래 '인류는 기원전 4000년 남짓 전에 신이 창조한 것이다'라고 했습니다. 요컨대 그가 생각하는 인류 역사는 '약 6000년 정도다'는 것입니다. '이집트의 피라미드가 대체로 그 정도로 오래된 것이 아닐까'라고도 말해집니다.

혹은 비슷한 정도의 역사를 가진 것으로, 이집트 이외에도 예를 들면 이라크나 이란 쪽에 있는 메소포타미아 지방의 문명도 역시 6000년 무렵까지는 거슬러 올라갈 것이라고 말해지고 있습니다. 또 중국 문명도 거슬러 올라가면 그 정도까지는 될지도 모릅니다.

게다가 최근에 나온 영언집에서 몇 사람의 영인들이 '일본 문명도 2000년, 3000년이 아니라 더 오래된 루트가 있다'라고 서술하고 있습니다. 그 이유로는 '지금의 일본인의 조상은[18] 남태평양에 예전에 떠 있었던 무 대륙에서 와 있기 때문이다'라고 합니다. 이 무의 존재까지 인정한다면 인류 역사는 1만 수천 년 전까지 거슬러 올라가게 되는 셈입니다.

'이 이상 거슬러 올라가는 것은 이제 무리다'고 말하는 사람도 있을 것으로 생각합니다만, 다만 현대 과학에서도 '이미 약 200만 년 전에 인류의 조상은 탄생되어 있었던 것이 아닐까'라고 말하고는 있습니다.

하지만 나는 그것보다도 더 오래된 역사를 말하는 것입니다. 거기서는 여러분의 사고방식이나 인종, 민족, 종교, 철학의 차이 속에, 여러 별의 문화유전자가 들어와 있는 것까지 밝혀냈습니다. 이것이 행복의 과학에만 있는 부분이라고 생각합니다.

그처럼 지구인은 여러 별의 영향을 받고 만들어진 셈입니다만, 본 장의 바탕이 된 설법을 할 때도, 여러 별 출신인 사람들로부터 '부디 우리별을, 가장 영향이 있는 별이라고 말해 주면 좋겠다'라는 의뢰도 있어서 좀처럼 차분하지 못한 강연회가 되었습니다.

---

18) 일본인의 조상 : ≪오히루메노무치日要貴의 영언≫ ≪공개영언 초고대 문명 무의 대왕 라무의 본심≫(모두 행복의 과학 출판 간행) 참조.

만일 내가 그 자리에서 순위 매김을 한다면 '신분제 사회'가 만들어질 가능성이 있으므로, 그 부분은 평소와는 다소 다르다는 느낌을 받고 있습니다.

다만 그러한 것을 나는 기본적으로는 하지 않습니다. 여러 가지 것을 다양하게 받아들여 가려고 생각하고 있습니다. 거기까지 생각할 수 있다면, 지구상에서 사는 인류의 민족 차이나 피부색 차이, 언어의 차이, 종교의 차이 등의 루트까지 알게 되므로, 여러분이 한층 더 관대해져서 지구인으로서 살아가는 의미를 찾아낼 수 있을 것입니다.

03
우주인이 지구에 오는 목적은 무엇인가

우주인이 지구에 배우러 와 있는
'사랑의 개념', '자기희생 정신'

그처럼 몇천만 년, 몇억 년의 옛날부터 우주인이 원반을 타고 지구에 와 있었다고 한다면, 그들의 기술은 지금의 지구 과학 문명보다 앞섰을 것입니다. 그 때문에 '그렇게 옛날에 지구에 와 있었는데 지금은 이런 수준인가'라고 말하는 사람도 있다고 생각합니다. 그것은 말씀하시는 대로입니다.

확실히 이 지상에 내려왔을 때는 신과 가까운 존재처럼 여겨진 사람들도 있었습니다. 다만 지구에서 사는 동안에 퇴화한 종족도 많이 있습니다. 환경이 달라지면 그것을 한 번 더 재현하기는 그리 간단한 일이 아닙니다.

예를 들면 나 자신도 편리한 도구를 모두 빼앗기고 남해의 외딴 섬에 혼자 유배당한다면, 집을 짓는 것만으로도 힘들 것으로 생각됩니다. 못 한 개도 없고, 목수 일도 배우지 않았으므로 어떻게 하면 기둥을 세우고 지붕을 이을 수 있는지도 모르므로, 당연히 집을 지을 수 없는 상황이 일어나는 것입니다.

즉, 현대에 있는 문명의 대부분은 예를 들면 갑작스러운 천재지변이나 재해 등이 일어나 인류가 특정한 장소에서 쫓겨나는 일이 있었을 때는, 그것들을 계속할 수 없게 되는 일이 많습니다. 그것을 알아두시기를 바랍니다. 그러한 경험이 과거에서 부터 몇 번이나 계속해서 되풀이됐던 것입니다.

하지만 문명의 수준이 떨어질지도 모르는데도 왜 우주 사람들이 지구에 와 있는가 하면, 그것은 지구에는 아직 배워야 할 것이 있기 때문입니다.

그것은 무엇이겠습니까?

우주 표준으로 보면 지구의 과학 문명 기술은 최첨단이라고는 할 수 없고, 다른 별에서 지구까지 올 수 있는 사람들의 평균에서 본다면 확실히 뒤떨어졌다고 생각됩니다. 지구에서도 실제로 로켓이 우주를 날기 시작하므로, 곧 따라잡을 것으로 생각하지만, 아직은 따라잡지 못하는 수준에 있습니다. 따라서 지구 문명은 이공계 분야에서 보면 우주의 표준 이하라고 할 수 있습니다.

그렇지만 문과계, 혹은 예술계 분야로 보면, 지구의 문명은 우주의 표준보다도 훨씬 높은 수준을 가지고 있습니다. 이 분야가 그들이 공부하지 않으면 안 되는 부분입니다. 지구는 과학 기술적인 면에서는 약간 뒤떨어지고는 있어도, 문과 계통의 사고방식 면에서 대단히 앞서 있습니다. 이러한 면이나 혹은 문학적인 면을 우주인들은 모르는 것입니다.

우주인들의 감정을 투시해 보면, 지구인이 가진 '사랑의 개념' 속에 이해가 가지 않는 것이 있습니다. '사랑의 개념'이라고 해도 '남녀가 자손을 남기기 위한 사랑', '자손 유지를 위한 사랑'은 이해가 가지만, 그것을 넘어서는 사랑이라는 개념이 이해가 가지 않는 사람이 많은 것입니다. 그러한 사람들은 지구에서 수행할 의미가 있습니다.

예를 들면 '자기를 지킨다'는 것은 인간으로서 당연한 감정입니다. 자기보존욕이라고 하는 것은 당연한 감정이며 동물에게는 모두 갖춰져 있습니다. 그리고 그것은 우주에서도 똑같습니다만 '강한 자가 약한 자를 멸망시킨다'라는 것도 당연한, 자연 그대로의 법칙입니다.

그런데 이 지상에서는 종족의 보존이라는 의미에서의 '남녀의 사랑' 이외에 '이웃 사랑'이나 '세계 사랑', '민족 사랑'이라고 하는 것이 존재합니다. 이러한 것에 대해 우주인들은 이해가 가지 않으므로, 그들은 배우고 싶어서 지금 어떻게든 공부하려고 하는 것입니다.

그리고 '자기희생' 등의 정신이 왜 고도의 지성을 가진 존재에게 깃들 수 있는지도 알고 싶어 합니다.

머리가 좋거나 강하면 약한 자를 멸망시킬 수 있습니다. 그런데도 왜 멸망시키려고 하지 않고, 자기희생을 해서라도 사랑의 행위를 나타내는가, 자비의 행위를 나타내는가, 평화를 추구하는가? 그것이 왜 그런지를 모르기에 공부하여 알고 싶다고 바라는 것입니다.

우주인이 지구인과 일정한 거리를 유지하는 이유

그리고 에이리언 종류의 영화 등에서도 자주 테마가 되고 있으므로 아는 사람도 있을 것입니다만 '우주에서의 침략'이라는 것이 있습니다. 물론 그것에 대해 무섭다는 것도 모르지는 않습니다. 과학적으로 그들은 100년에서 1000년 정도는 앞섰을 가능성이 있는 사람들이므로, 과학기술 문명의 차이에서 본다면, 지구인을 정복하려고 하면 간단히 할 수 있을 것입니다.

그런데 지구에 날아와서 사진이나 동영상에 많이 찍히는데도 불구하고, 일정한 거리를 유지하면서 내려오지도 않고, 인류에게 발각되었을 때는 바로 사라져 도망칩니다. 그 이유를 모르겠다고 하는 사람도 있을 것입니다.

UFO가 촬영되는 고도는 대체로 지상 800미터에서 1,800미터 사이인 경우가 많아서, 이 부근의 영역을 날고 있다고 생각됩니다. 그것은 자위대나 공군 등이 비상 출격을 해서 그들이 따라잡을 때까지 그곳을 떠날 수 있는 위치가 이 부근이기 때문입니다. 더 낮은 곳까지 내려오면 따라잡힐 수 있습니다만, 이 수준의 고도라면 그와 같은 일은 없습니다. 또 '형태가 확실히 눈으로 보일 정도까지는 접근해 오지 않는다'는 룰을 지키고 있는 것처럼 보이기도 합니다.

왜 그렇게 하겠습니까?

앞에서도 서술한 것처럼, 그들도 인류사에 관여하고 있으므로 '자기들 별에서 지구인으로 태어나, 지금 지구에서 사는 사람들이 어떻게 살아가는가'라는 라이프 리딩을 찍고 있으며, 그것을 기록하고 있는 것입니다.

다만 우주 차원에서는 각각의 별에 '그 별의 진화에 개입해도 좋은 수준'이 일정한 이유로 정해져 있으므로, 거기에 들어갈 수 없을 때는 지구인의 문명에 특별히 관여하지 않습니다.

우주인이 지구에 관여할 수 있는 조건
- 고대 인도 서사시 ≪마하바라타≫에서

그러면 어떤 때 관여할 수 있느냐면, 문명의 존망에 영향을 미칠 것 같은 큰 위기일 때는 어느 정도 관여해도 좋다고 되어 있습니다. 물론 그때도 다소의 상의는 필요합니다.

예를 들면 핵전쟁 등으로 인류가 사멸할 가능성이 있을 것 같은 단계에는 UFO가 많이 나타납니다. 만일 정말로 북한에서 핵전쟁이 일어났다면 UFO가 대량으로 나타났을 것입니다. 지금은 사전에 억제하는 것이 가능해졌으므로 그다지 나올 필요는 없습니다.

고대 인도의 서사시 ≪마하바라타Mahabharata≫를 읽으면 분명히 UFO라고 생각되는 것에서부터 내려다본 지구의 모습이 쓰여 있습니다. 거기에는 핵전쟁에 의해 고대 인도의 어느 부족이 멸망한 모습이 그려져 있습니다.

이것은 공중에서 보지 않으면 절대로 알 수 없는 장면이라고 할 수 있습니다. 핵전쟁은 고대에도 있었습니다.

또 아메리카대륙은 지난 200~300년 사이에 발전한 것처럼 보입니다만, 저만큼이나 큰 대륙에 인류가 살지 않았다는 것은 있을 수 없는 일입니다. 고대에도 인류는 살고 있었을 것입니다.

아메리카대륙에는 고대에[19]는 적색 인종이라고 하는 종족이 살고 있었습니다. 그런데 일종의 핵전쟁 같은 것이 일어나 그들은 멸망한 것입니다. 그것이 일어난 지역을 중심으로 지금은 사막 지대가 퍼져 있습니다.

이처럼 문명의 흥망이 일어날 때는 수많은 별에서 여러 우주인이 지구에 내려오는 것이 허용되어서, 일정한 한도에서는 간섭할 수 있습니다.

우주인이 '인류가 지구를 멸망시키지 않을까'라고 걱정하는 이유

또 한 가지, 지구에 사는 사람들이 잊어서는 안 될 것이 있습니다.

영화에서는 '우주에서의 침략'이라고 해서 우주인이 지구인을 멸망시키는 내용만 그려내고, 거기에 어떻게 대항하는가를 생각하게 하는 작품이 많이 있습니다.

하지만 현실은 '인류가 멸망할 것인가 아닌가'만이 테마는 아

---

19) 고대 : 《아틀란티스 문명의 진상 - 대도사 토스, 아가샤 대왕 공개영언-》(행복의 과학 출판 간행) 참조.

닙니다. 우주에서 보면 '인류가 지구를 멸망시키는가 아닌가'라는 것이 큰 테마입니다.

우주인들은 '지구가 멸망하면 곤란하다'는 생각을 하고 있습니다. 왜냐하면 이 지구라고 하는 별은 그들에게 있어서 '기회의 장소'이기 때문입니다.

앞에서도 서술한 것처럼 지구에는 500종류 이상의 우주인이 와 있습니다. 요컨대 지구라고 하는 별은 우주의 여러 문명에서 온 사람들이 새로운 문명실험으로서 인간 모습을 한 인체에 깃들어서 문화를 만들고, 생활을 하며 혼을 다시 단련하고, 다시 만든다는 기회의 장소입니다.

지구는 우주에 존재할 의미가 있으므로, 그들은 인류가 지구를 멸망시키는 일이 없도록 각별한 주의를 가지고 지켜보고 있습니다. 문명 자체를 간단히 바꾸지 않도록 하고는 있습니다만, 인류가 지구를 멸망시키려고 한다면 개입해 올 가능성도 있다는 것입니다.

그 의미로는 '종교상의 기적'과 '우주에서의 개입에 의한 기적'이 동시에 일어나고 있으며, 어느 쪽인지를 알 수 없는 일은 많이 있습니다.

지구에 큰 영향을 주고 있는 베가, 플레이아데스, 렙틸리언

다만 지구인 쪽에서 본다면, 잠을 자는 사이에 마법처럼 최면을 걸어서 기억을 잃게 만들어, 일방적으로 데리고 가서 우주선 안에서 여러 가지 실험을 하거나, 우주인과 지구인의 하이브리드, 혼혈아를 만드는 것은 용서할 수 없는 일이라고 생각할지도 모르겠습니다.

하지만 이것은 과거의 문명에서 몇 번이나 일어난 일이며, 지구인이 만들어지는 과정에서 나타났던 일입니다. 그처럼 지금도 우주인에 의한 어브덕션에 의해 수면 장애나 기억 장애가 일어나는 일도 있을 것입니다.

또 우주인에게는 상념의 힘으로 지구인에게 여러 가지 영상을 보여주고, 마치 그것이 존재하는 것처럼, 그러한 일이 있었던 것처럼 느끼게 하는 능력을 갖추고 있습니다. 그처럼 '환각을 일으키게 하는 힘'을 가지고 있습니다.

그것이 가장 강력하게 나오는 것은, 우리가 베가[20]라고 부르는 별에서 온 사람들입니다. 진정한 모습과 모양이 보이지 않고, 지

---

20) 베가 : 거문고 좌에 있는 일등성. 베가성 계통에 사는 우주인은 상대에게 맞춰서 겉모습을 자유롭게 바꿀 수 있고, 성별은 남성, 여성, 중성이 존재한다. '고도의 과학기술'과 '힐링 파워'를 갖는다. ≪더 콘택트≫(행복의 과학 출판 간행) 참조.

구인의 마음속에 사는 모습, 머릿속에서 상상할 수 있는 모습을 가지고 나타납니다. 그 사람이 알고 있는 사람의 모습을 가지고 나타난다는 식으로 많이 하는 것입니다만, 다른 우주인도 다소는 그러한 능력을 갖추고 있습니다.

지구에 큰 영향을 주고 있는 것은 베가와 플레이아데스[21]입니다.

그리고 지구에 전쟁이 잦거나, 민족 간의 다툼이 끊이지 않는 이유 중 하나는, 렙틸리언이라고 하는 우주인의 영향이 있습니다.

렙틸리언[22]이란 영어로 '파충류'라는 의미입니다만, 지구에는 그러한 사나운 종족이 30퍼센트 정도 들어와 있습니다.

그들은 지구의 진화를 위해서 도입한 우주인입니다. 경쟁하거나 목숨 걸고 싸우지 않으면 진화하지 않는 면이 있어서 그들을 들여 넣었지만, 지구인으로 길들여 가는 것은 대단한 노력이 필요했다고 지구 역사 속에서는 전해지고 있습니다.

---

21) 플레이아데스 : '묘성昴星'이라고도 불리는 황소자리에 있는 산개 성단. 플레이아데스 성단에는 '아름다움'과 '사랑'과 '조화'를 중요시하고, 구미인과 가까운 체격을 가진 인류형 우주인이 살고 있다. '마법'이나 '힐링 파워'를 사용할 수 있다. ≪더 콘택트≫(앞에서 서술) 참조.
22) 렙틸리언 : 파충류 식의 성질을 가진 우주인의 총칭. '힘'이나 '강함'을 중시하고 일반적으로 공격성, 침략성이 강하다. 겉모습은 파충류형 외에 육식동물형이나 수중 서식인 형태, 인간에 가까운 모습을 가진 종족도 존재한다고 한다. 지구에 이주하여 '진화'를 짊어지는 사명을 가진 '신앙 렙틸리언'도 존재한다. ≪더 콘택트≫(앞에서 서술) 참조.

이 사실은 영화 '우주의 법 - 여명편' 안에 그려져 있으므로 그것을 봐 주십시오.

'그처럼 성미가 까다로운 사람들을 어떻게 통합하여 하나로 만들어 갈 것인가'가 엘 칸타아레의 사명 중 하나였던 것입니다.

04
새로운 우주 시대를 개척하여 희망의 미래로

엘 칸타아레의 능력은 세계에 하나뿐이다

행복의 과학에서는 엘 칸타아레에 대해 '조물주'나 '창조주'라는 표현도 씁니다만, 지금까지의 종교가 가졌던 사고방식과는 다소 다른 것이 있습니다.

에이리언들은 인간에게 환시幻視를 보여주거나 환상을 보여주는 능력, 혹은 기억을 잃게 하는 능력, 그 외에도 지구인이 가지지 못한 특수한 능력을 갖추고 있습니다. 다만 유감이라고 할지, 다행이라고 할지 내가 지상에 있는 한, 우주인이 가진 능력은 엘 칸타아레의 능력을 넘어 설 수 없습니다. 내가 훨씬 강합니다.

나는 어떤 의미로 지구를 지키고 있습니다. '우주인의 누가 무엇을 했는가'는 내가 파악할 수 있으므로, 우주인이어도 일정한 한도를 넘어서 룰을 깼을 때는 확실히 포착하여 그것에 대해 규탄하는 것은 가능합니다.

그 때문에 내가 살아있는 동안은 지구가 우주인에게 지배당하는 일은 없습니다. 다만 그 후는 인류가 노력하지 않으면 어떻게 될지는 알 수 없습니다.

내가 가진 능력은 세계에 하나뿐인 능력입니다. 은하계 저편의 아득한 바깥 우주 은하 속까지 투시할 수도 있고, 빛의 속도를 훨씬 넘은 속도로 여러 가지 것을 보는 것도, 몇억 년, 몇십억 년 이상도 거슬러 올라가서 과거를 보는 것도, 혹은 미래를 볼 수도 있습니다. 나는 그처럼 자유자재로 우주 공간과 시공간 안을 탐색할 수 있는 능력을 갖추고 있습니다.

따라서 엘 칸타아레를 알고 있는 한, 그리고 엘 칸타아레를 믿는 한, 여러분의 문명이 간단히 멸망당하는 일은 없습니다.

다만 지구에서 용서할 수 없는 잔학한 행동이나 행위가 거듭되었을 때는, 그들이 개입할 수 있게 되어있으므로, 그러한 잔학한 행동을 그만두게 하는 것이 중요합니다.

세계 각지에 '자유', '민주', '신앙'을 퍼뜨려라

우리가 발신해야 할, 이 세상에 통하는 이념은 '자유', '민주', '신앙'이라고 하는 말입니다. 이것들을 세계 각지에 퍼뜨려야 합니다.

큰 나라여도 '자유', '민주', '신앙'의 세 가지가 들어있지 않은 국가가 있을 것입니다. 그러한 나라는 독재주의의 전제국가가 되어 있으며, 대개 패권주의를 추구하고 있을 것입니다.

그러므로 이 세상의 정치적이고 경제적인 의미에서는 '자유', '민주', '신앙'의 세 가지를 침투시키기 위해 지상 활동을 계속해가는 것이 중요합니다.

또 지구의 역사와 성립을 안 다음에, 한층 더 우주적인 차원에서 본다면 '지금 우리가 문제 삼는 전제 독재국가, 전체주의국가 속에는, 행복의 과학 우주인 분석에 나오는 렙틸리언과 같은 성질이 상당히 강하게 나와 있다. 우리는 이것을 바꾸려고 하는 것이다'라는 점을 알아주십시오.

렙틸리언은 '진화의 신'이기도 합니다만, 동시에 약육강식이며 '약한 자는 멸망시켜도 상관없다', '과학기술이 앞선 자는, 뒤떨어진 자를 멸망시켜도 당연하다. 먹잇감으로 바꾸어도 노예로 바꾸어도 상관없다'는 사고방식을 가지고 있습니다.

여기에 적용해서 보면, 일본 주변에 있는 국가에도 아마 그러한 면은 있을 것입니다. 이 사고방식을 바꾸게 할 필요가 있습니다.

나아가 종교가 하나로 통합된 국가여도, 대단히 폭력적이고 전체주의적인 경향을 가진 종교 국가도 있습니다. 그러한 종교 국가에 대해 나는 '종교 속에 있는 다원성, 다원적인 가치관을 가르치고, 좀 더 서로 융화할 수 있는 세계를 만들어야만 한다'라고 말하고 있습니다.

예를 들면 북한이나 현재의 중국과 같은 국가에서는 상당한 '인권침해'가 행해지고 있습니다만, 이 사고방식 속에는 조금 전에 말한 렙틸리언과 같은 것도 상당히 많이 들어 있습니다. 그것을 고쳐 주었으면 하는 것입니다.

다만 동시에 그 사고방식에 의해 피해를 받는 이슬람교 나라 속에도 관용성이 모자라고, 단지 '자기들이 믿는 신 이외는 존재하지 않는다'는 것을 이유로, 타국에 대한 테러나 게릴라 활동을 되풀이하는 식으로 보이는 면도 있습니다. 이런 것은 '상대를 좀 더 이해하고 받아들일 여지를 만들어라'라고 설하는 것입니다.

혹은 전제국가는 아닐지도 모르겠습니다만, 예를 들면 최근에 사우디아라비아에서는 '처음으로 여성에게 운전 면허증이 발행되었다'는 뉴스가 있었습니다. 이러한 것은 역시 종교의 이름으로 여성에 대한 일정한 압박이 행해지고 있다고 말하지 않을 수 없을 것입니다. 이러한 면은 바꾸어 가지 않으면 안 될 것입니다.

그렇지만 무신론의 이름으로, 예를 들면 위구르나 티베트, 내몽골과 같은 곳을 점령하거나 하는 행위는 역시 용서되어야 할 일은 아닙니다.

무신론 국가가 신을 믿는 국가를 테러 국가처럼 말하며 점령하거나, 혹은 완전히 지배하여, 때에 따라서는 유물론에 근거해서 100만 명이나 되는 장기 이식을 하는 일이 만일 저질러지고 있다면, 그것은 행복의 과학 이름으로도 역시 용서할 수 없는 것입니다.

예를 들면 중국 자치구에 동투르키스탄이라고도, 신장웨이우얼 자치구라고도 말하는 곳이 있습니다. 여기는 원래 터키 계통으로부터 나뉘어 온 나라이며, 아라비아어를 읽고 터키 사람처럼 말하는 곳입니다.

다만 그들이 종교적으로 편협하고, 혹은 티베트에서 말하는 '달라이 라마는 사후에 바로 환생한다'는 전생윤회를 종교적으로 믿을 수 없었다고 하더라도, 그러한 종교적인 사상을 가진 나라가 일방적으로 멸망 당하는 사태는 잘못된 일이라고 생각됩니다.

지구인으로서 공통 기반인 '희망의 미래'를 만드는 미션으로

우리는 북한에 이어 중국이나 그 이웃나라에서 인권침해가 많이 행하여지고 있다면, 거기에 '자유', '민주', '신앙'을 박아놓고, 나아가 '지구적으로 하나로 통합되는 가르침'을 퍼뜨림으로써 지구인으로서 공통 기반을 만들어야만 합니다. 그러한 것을 위해 앞으로 남은 시간을 써가고 싶습니다.

그동안 과학적으로도 지구 수준은 좀 더 올라갈 것입니다. 그때 스페이스 브라더즈들과의 교류도 행해지게 될 것입니다.

지금 새로운 우주 시대에 들어갔습니다.

여러분은 이제부터 지금까지 몰랐던 자신들의 본래 원류와 미래의 모습을 보게 됩니다.

우리는 그러한 희망과 불안이 여러 가지로 섞인 시대를 살고 있습니다만, 이것을 완전히 '희망의 미래'로 바꾸는 것이 행복의 과학 사명입니다.

부디 전 세계의 분들이 이 미션에 따라오시기를 부탁드립니다.

1000억 년의 고독

지금으로부터 1000억 년 정도 옛날의 일이 됩니다.
그 무렵, 이 3차원 은하계 우주를 만든다는 계획이 생겼습니다.
그때 나는 아직 개성화하지는 않았습니다만
그때의 기억이 있습니다.

그 1000억 년의 옛날, 이 3차원의 우주를 만들려고 했을 때
앞에 퍼져 있는 것은 고독이었습니다.
시간도 공간도 아직 없었습니다.
시간과 공간이 만들어지지 않았을 때는
똑같이 염을 가지고 행동하는 사람도 없었습니다.

그와 같은 고독의 때에, 하나의 염이 싹트고
'공간을 만들자, 시간을 만들자'
그렇게 생각하고, 영원하고 영원한 고독의 시간 동안
이 우주를 만들어 가기 위해, 나도 그것에 도움을 주어 왔습니다.
지금으로부터 100억 년 정도 전이 되면
내 기억은 더 명확해집니다.

이 태양계를 만든 구체적인 행동에 하나하나가 되살아납니다.
그리고 이윽고 금성에 고등생물을 만들었을 때, 그때도 고독했습니다.
그리고 이 지구에 지금으로부터 6억 년 정도 전에
인류를 만들려고 계획했을 때도 고독했습니다.

어느 시대도 새로운 세계가 만들어질 때, 새로운 시간이 만들어질 때
새로은 시대가 시작되기 전에는 그 밑바닥을 알 수 없는 고독이라고
하는 것이 있습니다.
이 고독은 신 안에 잠재한 청년의 부분이라고 나는 생각합니다.
여러분도 아마 이 젊음 속에서
일종의 고독함 속에서 살고 계시리라 생각합니다.
그 고독을 해소하기 위하여
커다란 정열이라고 하는 것이 용솟음쳐 나올 것으로 생각합니다.

나는 청춘의 본질 속에는 고독한 시간과 공간이 있다고 생각합니다.
하지만 이 고독에 져서는 안 된다고, 그렇게 생각합니다.

창조의 순간이야말로 가장 고독한 순간이며
그 고독의 순간에 입회立會하고 있다는 것이
여러분이 아직 푸르고 푸른 숨결을 가슴 안쪽에 가지고 있다
는 것으로 생각합니다.

≪평범함에서의 출발≫[23] 속에도 썼습니다만

어른들은 풋내기처럼 보이는 사람을 일소에 부치는 일이

자주 있습니다.

하지만 과거의 역사를 보면 알 수 있는 것처럼

≪황금의 법≫을 보면 알 수 있는 것처럼

인류를 바꾸고, 세계를 바꾸고

그리고 사람들을 행복하게 해 왔던 사람들의 사상, 생각, 행동은

풋내기처럼 보이는 사람들에 의해 만들어져 있습니다.

이 풋내기처럼 보이는 모습을 결코 잊어서는 안 됩니다.

버려서는 안 됩니다.

그 가운데에야말로 큰 사랑이 싹트는 토양이

있다는 것을 잊어서는 안 됩니다.

고독을 부둥켜안고, 그리고

어디까지나 그 슬픔을 투명하게 해가면서

사랑은 바람처럼, 깨끗하고 산뜻하게

사람들에게 느낄수 있을까 말까 한 모습으로

불어가 주셨으면 하는 바입니다.

---

23) ≪평범함에서의 출발≫ : 현재 ≪젊었을 때의 엘 칸타아레 - 평범함에서의 출발≫(종교법인
   행복의 과학 간행) 참조.

청동의 법

| 제 5장 |

사랑을 퍼뜨리는 힘

당신을 움직이게 하는 '신의 사랑'의 에너지

01

사람은 출생이 아니라
그 행위에 의해 판단된다

하나하나의 일을 거듭하여 많은 사람에게 액세스한다

행복의 과학에서는 2017년 12월 7일에 지바현千葉県 마쿠하리 멧세 국제전시장을 본 회장으로 해서 일본 전국과 세계 100개국 정도를 위성중계로 이어서 '엘 칸타아레제'를 개최했습니다.

한 해가 끝날 무렵에 1년을 마무리하는 제전으로서 강연하는 것이 이 '엘 칸타아레제'에서의 내 설법입니다.

나는 2017년에 공식적으로 130회 이상의 설법과 영언을 했습니다만, 통산 2,700번에는 조금 도달하지 못하고 그 달성은[24] 이듬해에 돌아왔습니다. 다만 '상당히 일이 진행되어 온 것이 아닐까'라고 생각하고 있습니다.

---

24) 달성 : 2018년 1월 7일 설법 '신앙의 법 강의'로 달성.

2017년 여름에는 22년 만에 도쿄돔[25])에서도 설법했습니다. 그렇게 느낀 면도 있습니다만, 먼 곳에서 참가하는 분들이 일을 쉬고 오시는 것은 곤란하므로, 때와 장소를 선택하지 않으면 안 된다고 생각했습니다.

마쿠하리 멧세 국제전시장에서 강연할 때 참가자는 1만 4,000명 정도였습니다. 이 정도의 규모라면 본 회장은 그 고장 사람들이 대부분이 되므로, 멀리서 오는 분을 별로 걱정하지 않아도 되고, 강연으로는 극히 쉽다고 할 수 있습니다.

'엘 칸타아레제' 때 내 설법 전에 노래를 부르던 두 명의 가수들도 '이 정도의 회장이라면 이제 편안하게 할 수 있다'는 식으로 된 것 같습니다. 마쿠하리 멧세는 노래를 부르는 데에는 일류 회장이라고 생각하고 있습니다.

다만 내 설법은 본래는 천상계에서 해야 하는 것이므로, 이 지상에서는 어디서 해도 충분하지 않습니다. 하지만 하나하나의 일을 거듭해 감으로써 여러 사람에게 어딘가의 면에서 액세스할 수 있으면 다행이라고 생각하고 있습니다.

---

25) 도쿄돔 : 2017년 8월 2일 설법 '인류의 선택'. ≪신앙의 법≫(행복의 과학 출판 간행) 제6장 참조.

더 많은 사람에게 전하는 방법을 생각하고 싶다

본 장에서는 테마로서 '사랑'을 선택했습니다. '사랑을 퍼뜨리는 힘'이라는 테마입니다.

이것은 행복의 과학 가르침 중에는 초보자라도 아는 테마입니다. 또 행복의 과학에서 오래 활동하는 사람이어도 '퍼뜨리는 힘'이라는 데에 역점을 둔다면, 누구라도 '이제부터 시작'이라는 단계가 아니겠습니까?

내가 이 일을 시작했을 때, 세계 인구는 50억 명 정도였습니다. 옛날 강연을 들어보면, 나는 그렇게 말했었습니다만, 지금은 이미 76억 명을 넘었다고 합니다.

하지만 인구 증가를 전도가 따라잡지 못하고 있습니다. 도저히 따라잡지 못합니다. 인구가 늘어나는 쪽이 빠릅니다.

일본에서는 인구가 늘어나지 않습니다만, 다른 나라에서는 증가하고 있습니다. 그렇다면 '우리는 더 많은 사람에게 전하는 방법을 생각하지 않으면 안 되는 것이 아닐까'라고 생각합니다.

그것은 바꿔 말하면 "나는 많은 사람 앞에서 설법하고 있지만, 거기에는 '내 설법의 요점을 파악해서 수많은 사람에게, 세계 사람들에게 전해주면 좋겠다'는 소망이 따라다니고 있다"는 것입니다.

무명의 보살, 무명의 천사는 아직 많이 잠자고 있다

유감스럽게도 모든 사람의 마음에 내 말을 전하지 못하고 있습니다.

하지만 여러분 중에는 '무명의 보살'이 아직 많이 있을 것입니다. '무명의 빛 천사'가 아직 많이 잠자고 있을 것입니다. 아직 그 사명을 진정으로 알아차리지 못한 사람이 있다고 생각됩니다.

'자신은 아직 사회적으로 그다지 유명하지도 않고, 경험도 얕고, 성공자로서 충분히 인정받지도 않았다. 더구나 국제적으로 알려진 일은 아직 없다'는 사람은 많다고 생각합니다.

그것으로 좋습니다. '유명하기에 많은 사람에게 사랑을 전할 수 있는 존재가 된다'는 것은 결코 아닙니다. 무명이어도 좋습니다.

무명의 보살, 대환영입니다.

무명의 천사, 대환영입니다.

'그 사람이 어떠한 사람인가'는 '출생'에 의해서가 아니라 그 사람의 '행위'에 의해 판단됩니다.

그것은 2500년보다 훨씬 이전에 석존이 했던 말이기도 합니다.

2000년 전의 예수가 했던 말도 거의 같습니다.

예수의 제자 중에는 소위 '이 세상에서 훌륭한 사람'은 없었습니다. 어부나 다른 사람으로부터 다소 업신여김을 당하는 직업에 종사하는 사람들로 구성되어 있었습니다. 그것이 열두 사도들입니다.

지금의 예루살렘 부근에서 보아도 '평균까지 도달하지 않았다'라고 생각될 정도의 신분이나 직업, 학력을 가진 사람들이 중심이 되어 수많은 박해를 받으면서도 기독교를 널리 퍼뜨려 갔던 것입니다.

지금 그 기독교에는 22억 명 정도의 신자가 있다고 말해집니다. 2000년의 힘이란 이러한 것입니다.

예수가 세상을 떠났을 때, 불과 몇 명밖에는 없었을 것입니다. 예수가 환자를 치료했을 때는 몇천 명의 군중에게 둘러싸여 있었던 적도 있었습니다만, 십자가에 매달아질 때는 근처에 있었던 군중은 몇 명뿐이었습니다.

제자 중에는 '나는 모른다'라고 거짓을 말한 사람도 있었습니다. 그것은 후에 초대교황이 된 베드로입니다.

예수는 아마도 분하고 가슴이 아팠을 겁니다. 그렇게 기적을 일으켰는데도, 기적을 목격했을 때는 믿었어도, 이 세상에서 역풍이 불어 수난이 오자, 예수를 버리고 멀어져 가는 사람들을 보고 슬퍼했을 겁니다.

여러분 중에는 내 강연을 들을 때는 희미하게 느끼는 것이 있어도, 다음날부터 일상생활로 돌아가면 역시 '이 세상의 대다수 사람이 생각하는 것이 진실이 아닐까'라는 생각을 인정하는 사람이 많은 것이 아니겠습니까?

확실히 이 세상에서는 민주주의 원리가 작용하고 있어서, 수많은 사람의 생각이나 행동에는 이길 수 없는 면이 있습니다. 그렇지만 '그러므로 우리 일은 가치가 있다'라고 나는 생각합니다.

02
여러분 안에는 신의 사랑이 깃들어 있다

'합리성'과 '신비성'을 겸비하는 것이 행복의 과학 특징이다

일본은 다양한 저널리즘이 발달하고 있어서, 북한이나 중국에 비하면 훨씬 자유롭게 정보를 입수할 수 있는 나라입니다만, 그래도 수많은 '보이지 않는 벽'이 있습니다.

사람들은 보도를 중심으로 지식을 얻게 됩니다만, 방송 윤리에 관한 규정 중에는, 예를 들면 '비과학적인 것은 취급하지 않는다'는 항목이 있습니다.

현대에는 이공계 학문에 의해 증명할 수 없는 것은 '비과학적이다'라고 말하는 경향이 있습니다.

특히 문부과학성으로부터 '문과계 중에 있는 문학부 계통의 학문은, 이미 대학에는 필요 없는 것이 아닐까'라는 목소리마저 나오고 있습니다. 2001년에 문부성文部省과 과학기술청이 하나가 되어 문부과학성이 생겼고, 교육이 과학에 의해 지배당하게 되어 왔으므로 '과학에 의해 증명되지 않는 것은 학문이 아니다'라고 생각되기 시작한 것입니다.

이것은 정말 유감스러운 일입니다. '종교뿐만 아니라, 학문에서도 유감스러운 일이다'고 나는 생각하고 있습니다.

'실험으로 되풀이하여 재현할 수 있다'는 것이 그렇게까지 중요합니까?

나는 2010년부터 새롭게 영언집을 차례로 내고 있으며, 2017년 연말까지, 영언집만으로 450권 이상이나 발간했습니다(2018년 11월 시점으로 500권 이상). 이것은 대단한 권수입니다.

이것도 실험에 속하고, 증명에 속합니다만, 끝없는 증명임은 나도 알고 있습니다. 다만 '그것을 거듭해 감으로써 믿는 사람이 늘어나는 것만은 틀림없을 것이다'라고 생각하고 있습니다.

나는 '일본 국론을 크게 뒤집어 가고 싶다'라고 생각하고 있습니다.

지금 내 저서[26]는 29개의 언어로 번역되어 세계 각지에서 읽히고 있습니다. 아프리카에서는 이미 몇천만 명이 텔레비전으로 내 설법을 보았으며, 내 저서를 읽은 사람도 많이 있습니다.

---

26) 저서 : 설법 시점인 2018년 10월 현재 30개의 언어로 번역되었다.

그런데 앞에서 서술한 것처럼 일본에서는 '비과학적인 것은 취급하지 않는다'는 '상식'이 있어서, 그러한 것이 텔레비전에서 다루어지는 일은 서의 없습니다. 가끔 다루어질 때가 있어도, 프로그램 마지막에 '이것은 비과학적인 것을 인정하는 프로그램은 아닙니다'라는 설명이 붙은 형태가 되어 있습니다.

또 신문 지면에서도 '비과학적인 것은 취급하지 않는다'라는 방침은 분명히 나와 있다고 봅니다.

나는 종교가로는 실로 진귀할 만큼 합리적이고 논리적이며 설득력이 있는 가르침을 설하고 있습니다. 또 현대적인 학문의 절정을 모은 내용을 설하고 있으며, 학문적으로 검증할 수 있는 것에 관해서는 그것을 충분히 견뎌낼 수 있을 만큼의 내용이 되어 있습니다.

'합리성'과 '신비성'을 겸비하는 것이 행복의 과학 가르침이 가진 특징 중 하나입니다.

사실은 사실, 진실은 진실

다만 더는 이 세상 룰에 영합할 생각은 없습니다.

왜냐하면 '사실은 사실, 진실은 진실'이기 때문입니다.

'이 세상에서의 방법론으로 굳혀진 방식으로 인정받았을 때만 이 옳고, 그 외는 옳지 않다'는 생각은, 그것 자체가 오만한 것이 아니겠습니까?

과학을 가지고 말했다고 해도, 이 지상에서 또 우주에서 '미지의 것'은 얼마든지 있습니다.

그리고 내가 설하는 가르침 중에는 '미래과학에 해당하는 것'이 많이 들어 있습니다. 지금 과학으로는 알 수 없는 데까지 설하고 있습니다.

다만 그것에 대해서는 조금 억제하는 형태입니다. 그러한 것은 교단 내부에서는 설해도 밖에는 내지 않은 부분이 많습니다. 그 때문에 외국에 있는 사람들은 '본격적으로 내는 것이 좋지 않을까'라는 말을 하는 일도 있습니다.

예를 들면 미합중국 사람들은 'UFO나 우주인? 그런 건 상식이에요. 더 많이 말해 주면 좋지 않겠습니까? 일본은 무엇 때문에 사양하는 것입니까? 어딘가 부족하므로 더 분명히 말해 주세요. 왜 내부출판으로 해서 외부에서 보지 못하도록 하는 것입니까'라고 말합니다.

우주인 관련 서적을 일본 매스컴 등은 믿고 싶어 하지 않으므로, 행복의 과학은 그것을 별로 외부에 알리지 않고 있습니다만, 해외 사람들은 '더 분명히 말해 주세요. 나사나 할리우드에 져서는 안 됩니다. 더 앞선 곳까지 가주면 좋겠습니다'라고 요청하고 있습니다.

2018년 10월에 공개된 애니메이션 영화 '우주의 법 - 여명 편' (제작 총지휘 오오카와 류우호오) 등 '우주의 법'에 관한 연작連作 영화를 앞으로도 제작할 생각입니다만, 거기서는 지금까지 아무도 설한 적이 없는 비밀이 밝혀져 있습니다.

애니메이션이라면 믿든 믿지 않든 일본인도 정보로서 볼 수는 있을 것입니다. 그 정보의 뒷받침은 상당한 곳까지 파악하고 있습니다. 그러한 것이 조금씩 밝혀질 것입니다.

과거의 여러 종교를 넘어서 더 앞선 곳까지 가라

지금 여러분에게 설해진 가르침은 과거에 있었던 여러 종교의 개편이나 집대성이 아닙니다. 그것들을 훨씬 초월한 것입니다.

왜냐하면 그것이 '시작의 법'이며, '최후의 법'이기 때문입니다.

나는 모든 것을 밝히겠습니다. 내가 모든 것을 밝히는 조건은 이 지상에 '믿는 사람'이 늘어나는 일입니다. 그것이 전제입니다. 그래야만 모든 것을 밝힐 수 있습니다.

만일 여러분이 '살아있는 동안에 하나라도 더 많은 사실을 알고 싶다'라고 바란다면 부디 동료를 늘려 주십시오. 믿는 사람을 늘려 주십시오. 또 행복의 과학이 발간한 책을 읽고, 행복의 과학 영화를 보고, 그 활동에 참여해 주는 분을 늘려 주십시오.

그렇게 한다면 나는 여러분에게 가르치지 않으면 안 될 것을, 가지고 있는 '법'을 더 밝힐 수 있다고 생각합니다.

내가 가지고 있는 '법'에서 본다면, 예수의 가르침도 불타의 가르침도 조그마한 것입니다. 나는 더 큰 법을 가지고 있습니다.

다만 이 나라가 '그 법이 설해지는 데에 걸맞은 그릇인가 아닌가'가 지금 물어지고 있습니다.

행복의 과학을 입종해서 30년 이상이 지났습니다. 지금 '벽'이 나타나 있습니다. 이것을 넘을 수 있습니까? 행복의 과학은 '2차 대전 후에 최대로 성공한 종교' 중 하나입니다만, 이 '보이지 않는 벽'은 행복의 과학을 수많은 종교 중 하나로 분류해서 끝내려고 하는 힘이며, 의심스러운 '상식'입니다.

하지만 우리는 수많은 종교 중의 하나로 정의되고 설명을 들을 생각은 없습니다. 그것을 넘어서서 더 앞쪽까지, 훨씬 더 저편까지 가고 싶습니다.

'혼의 본질'에 다가갈 수 있는 것은 '신'이거나 '예언자'뿐이다

학교에서 배우는 상식이나 회사에서 통용되는 상식, 혹은 미디어에서 통용되는 상식에서 본다면 이상하게 생각될 것입니다만, 내 강연은 인간만이 듣는 것은 아닙니다.

예를 들면 이 설법을 설한 2017년 '엘 칸타아레제' 때는 회장 상공에 UFO가 많이 와 있었습니다. 그들은 지구의 것보다 더 좋은 기계를 가지고 있으므로, 내 설법은 즉석에서 번역되어 여러 곳으로 전해져서 우주인들이 그것을 보는 것입니다.

2500년 전의 불타 때도 그들은 들으러 와 있었습니다만, 지금도 들으러 와 있습니다.

그들은 '지구가 어떻게 변할 것인가'에 관심이 있으며, 지구가 변해 가는 순간을 목격하고 기록하려고 하는 것입니다.

그 마음은 잘 이해됩니다. 그들의 일부는 아득한 옛날에 자기 동료를 지구에 보낸 사람들이므로 '지구에서 사는 사람들이 그 후 어떻게 되어 가는가'를 보고 있습니다. 또 '지구라는 문명권에서 어떠한 혼 실험을 할 수 있는가'도 보고 있습니다.

그러한 것도 나는 말해 두었습니다. 그것은 내가 최초에 낸 이론서인 《태양의 법》(행복의 과학 출판 간행) 속에 이미 쓰여 있습니다. 내가 그것을 쓴 것은 1986년입니다. 그리고 30년 이상의 세월이 흘렀습니다.

물론 그렇게 간단히 믿을 수 있는 것이 아닐지도 모르겠습니다. '저 세상조차도 믿을 수 없기에 그 외의 세계 따윈 알 수 없다'라고 말하는 사람도 있을 것입니다.

또 행복의 과학은 이미 세상을 떠나 지금은 저 세상 세계에 있는 사람의 영언집을 내고 있으며, 아직 살아있는 사람의 '수호령 영언'이라고 하는 것도 내고 있습니다.

참으로 신기한 일일 것입니다. 이에 대해서는 학교에서 배우지 않았고, 부모가 행복의 과학 신자가 아니라면 설명을 듣지도 못했을 것이므로, 이것을 어떻게 판단하면 좋은지 알 수 없는 사람은 많을 것입니다.

그렇지만 여러분은 지금 '자기가 누구인가'가 역사상 처음으로 밝혀지려고 하는 것입니다.

과거에는 칸트나 헤겔, 하이데거 등 훌륭한 철학자도 있었습니다.

하지만 그들이 얼마나 '혼의 본질'에 육박할 수 있었습니까? 그들의 저서에 쓰여 있습니까? '저 세상 세계'에 대해, '혼의 형제'에 대해, '천상계의 생활'에 대해, '환생'에 대해, 철학에서 말하고 있습니까? 말하지 못하고 있을 것입니다.

그것을 말할 수 있는 사람은 '신'이거나 신으로부터 받은 말을 맡는 '예언자預言者'뿐입니다.

여러분은 지금 그와 같은 때를 접하고 있는 것입니다.

'영적인 것'의 본질은 '사랑'이다

나는 여러분에게 고하고 싶습니다.

이 우주는 '눈에 보이는 것'이 아니라 '눈에 보이지 않는 것'에 의해 만들어져 있습니다.

그 '눈에 보이지 않는 것'은 '영적인 존재'입니다. 여러 가지 것이 '영적인 것'으로 만들어져 있습니다.

그 '영적인 것'의 정체, 본질은 그것이 '사랑'임을 여러분에게 전하고 싶습니다.

우주는 '신의 사랑'에 의해 창조되었습니다. 또 지구를 포함한 다양한 은하계, 혹성계 중에는 인류형이나 동물형, 식물형 등 다양한 생물이 있습니다만, 만상만물 전부에 '신의 사랑'이 깃들어 있습니다.

여러분의 눈에 보여줄 수는 없어도, 여러분 마음속에는 내 말을 느낄 수 있는 곳이 있을 것입니다.

왜 느낄 수 있겠습니까?

그것은 여러분 안에 '신의 사랑'이 깃들어 있기 때문입니다.

그러므로 나는 '인간은 신의 자녀다'라고 말하는 것입니다.

여러분이 신의 자녀라는 것은, 여러분이 전지전능하고, 향하는 곳에 적敵이 없고, 무엇이든지 이룰 수 있는 것에 의한 것은 아니고, 여러분 안에 '사랑'이 존재하는 것에 따른 것입니다. 어느 사람 안에도 '사랑'이 존재합니다.

본 장에서는 그 '사랑'으로 이야기를 좁히고, 한층 더 강하게 말하고 싶습니다.

03
살려지고 있는 자신을 알아차려라

'누구에게도 사랑받고 있지 않다'고 생각하는 당신에게

이 지상에서 사랑에 관한 가장 큰 잘못은 '사랑은 타인으로부터 빼앗는 것이다'라고 생각하는 일입니다.

텔레비전 드라마를 보아도, 영화를 보아도, 대부분 그렇습니다. '남녀의 사랑'이나 '가족의 사랑'을 중심으로 하는 스토리의 대부분은 '어떻게 다른 사람으로부터 많은 사랑을 받느냐가 중요하다. 다른 사람으로부터 사랑을 빼앗을 수 있으면 행복하고, 사랑을 빼앗을 수 없거나 잃어버리면 불행해진다'라는 논리로써 드라마가 만들어져 있을 것입니다.

그 논리는 배우지 않아도 느끼는 것 같습니다.

하지만 종교에 접했다면 이 '상식'의 라인을 넘어야만 합니다.

사랑은 '기브 앤드 테이크'가 아닙니다. '자기가 받고, 다른 사람에게 준다'라는 교환 경제와는 다릅니다. 그러한 것이 아닙니다.

이 세상에서 살아가는 동안, 사람과 사람 사이에서 다양한 교환이 일어나는 일은 있습니다. 그 가운데에는 '기브 앤드 테이크'도 있습니다. 그것을 부정할 생각은 없습니다.

다만 내가 설하는 사랑은 그러한 것이 아닙니다. '사랑이란 주는 것이다'라고 나는 처음부터 설하고 있습니다. ≪태양의 법≫ (앞에서 서술)에서부터 30년 넘게 계속 설하고 있습니다.

많은 사람은 다른 사람으로부터 받을 것만을 생각하고 있습니다. 사랑을 다른 사람에게 주는 것에 관해 왜 그렇게 망설이고, 헤매고, 손해를 보는 것처럼 느끼는 것입니까? 사랑을 받고 싶어 하는 사람이 지상에 넘쳤는데, 왜 자기도 '더 받고 싶다'라고 생각하는 것입니까?

이쪽에도 저쪽에도 사랑을 받고 싶어 하는 사람만 넘쳐나서, 사랑을 주는 사람은 극히 적은 상태가 되어 있습니다.

그래서 나는 여러분에게 말하겠습니다. '다른 누구에게도 자기는 사랑받고 있지 않다'라고 생각하는 사람이 만일 여러분 중의 한 명이라도 존재한다면 나는 강하게 말하겠습니다.

나는 그러한 당신도 사랑하고 있습니다.

여러분 한 사람 한 사람을 사랑하고 있습니다.

그러므로 되풀이하여 지상에서 힘든 전도 활동을 하고 있습니다.

여러분이 보면 영원한 과거에 가까운 옛날부터 현재까시, 그리고 미래에 이 지구가 수명을 마칠 때까지 내 책임이 끝나는 일은 없습니다.

살려지고 있기에 '감사의 마음'과 '보은의 마음'이 나온다

여러분 사랑을 다른 사람에게 주기 위해서는 일 원도 필요 없습니다.

그것은 당신이 마음속에서 생각하는 방향성을 바꾸기만 하면 되는 일입니다.

'다른 사람으로부터 사랑을 받으면 행복하다'고 생각하는 사고방식을 바꾸어 주십시오.

'자신은 신이 주신 사랑이 깃들어서 사는 존재다'는 것을 알아 주십시오.

이미 주어져 있습니다.

모든 것은 이미 주어져 있는 것입니다.

살려고 할 것이 아니라 '자신은 지금 살려지고 있다'는 것을 알아주 십시오.

당신은 살려지고 있습니다.

수많은 힘으로 살려지고 있는 것입니다.

내 강연회 회장에 온 분들은 '자기 힘으로 왔다'라고 생각할지도 모르겠습니다. 하지만 '그분들이 회장으로 오기 위해서는 눈에 보이지 않는 수많은 사람의 힘이 거듭되고 있다'고 나는 생각합니다.

'살려지고 있는 자신'을 알아차리지 못한다면 '사랑을 준다'는데에 생각이 미치지 못합니다. 살려지고 있기에 '감사의 마음'이 나옵니다. 또 살려지고 있기에 '보은의 마음'이 나오는 것입니다.

당신도 살려지고 있으므로 '괴로워하는 사람들, 어려움을 겪는 사람들, 약해진 사람들, 이러한 사람들에게 자기가 할 수 있는 일은 무엇인가'를 생각해 주기 바랍니다.

자신의 처지에서 할 수 있는 일이 있다

여러분은 각각 '나이'도 '성별'도 '직업'도 '수입'도 '사회적인 입장'도 다를 것입니다만, 그것을 넘어서, 자신의 처지에서, 자신의 이름으로 할 수 있는 일이 있을 것입니다.

내가 아무리 연단에서 설법을 해도 나 자신으로서는 못하는 일을, 여러분 한 사람 한 사람은 이루어 낼 수 있습니다. 그 가능성을 가시고 있습니다. 예를 들면 여러분의 가성에 빛을 켜는 것은, 나보다도 여러분 한 사람 한 사람이 더 높은 가능성을 가지고 있습니다.

만일 형제끼리 미워하고 있다면, 미워하는 것을 그만두고 화해하여 더 잘 되는 방법은 없는지 생각할 수 없겠습니까?

만일 부부간에 다툼이 있어서 괴로워하고 있다면, 얻을 수 없는 것만을 생각할 것이 아니라, 지금까지 자기 반려로부터 받아 왔던 사랑을 한 번 상기해 보면 어떻습니까?

상대로부터 사랑받은 것들 하나하나를 이미 잊어버린 것이 아닙니까? 그것을 잊고, 현재 지금 자기한테 주어지지 않았다는 것만을 분하게 여기고 있지 않습니까?

그러면 자기에게 주어진 것의 많음을 알고 '자기도 또 다른 사람에게 줄 수 있는 존재다'는 것을 알아차려야만 합니다.

04
사랑하고 있다면 행동하라

지혜의 힘을 가지고 사용한다면 많은 사람을 '살릴' 수 있다

현재의 저널리즘에서는 사랑은 '남녀의 사랑'으로 말해지는 일이 많습니다만, 사랑 속에는 더 큰 힘이 있습니다.

자기에게 인연이 있어서 자기 주변에 있는 사람들을 사랑하는 것은 '애초의 시작'입니다만, 스스로가 지혜智慧를 깃들여서 그 지혜의 힘을 사용함으로써 '보다 많은 사람을 사랑한다'는 것도 할 수 있을 것입니다. 공부하고, 일에서 배움을 심화하고, 지혜를 몸에 익힘으로써 '보다 많은 사람에게 영향을 줄 수도 있습니다.

예를 들면 회사 경영에서도 많은 종업원을 고용하고, 또 그 회사 활동을 통해서 실제 사회에 많은 것을 줄 수 있을 것입니다.

일 속에 사랑을 담으면, 자기와 친한 사람에 대한 사랑 이외의 사랑이 거기에 출현하여 큰 힘이 나옵니다. '회사 차원'에서도 '시읍면 차원'에서도 '국가 차원'에서도 '외교 차원'에서도 그러한 큰 사랑의 실천은 가능합니다.

그것을 위해서는 지식이나 경험, 거기서 만들어지는 지혜가 필요합니다. 지혜의 힘을 가지고 사용한다면 다른 많은 사람을 살릴 수 있게 됩니다.

국제관계에서도 그것은 가능할 것입니다. 지혜가 있는 나라가, 아직 지혜가 따라오지 못한 나라를 어떻게 도와줄 것인가? 그것을 진지하게 생각함으로써 세계의 미래는 조금씩, 조금씩 바뀌어 가게 될 것으로 생각합니다.

다른 사람을 '용서하는' 것이 어려운 이유는……

이 세상에 사는 인간이 다른 사람을 용서하기는 정말 어려운 일입니다만, 여러분에게는 '용서하는 힘'도 주어져 있습니다.

사람은 잘못을 저지릅니다. 개인으로서뿐만 아니라, 조직 속에 사는 사람도, 국가 단위로 사는 사람도, 잘못을 저지르는 일이 있습니다.

물론 잘못은 '잘못'으로서, 사악한 것은 '사악한 것'으로서 판단할 수 있을 만큼의 지혜는 필요합니다.

그렇지만 그것으로 끝은 아닙니다. 왜냐하면 '심판하는 것'이 여러분의 일이 아니기 때문입니다. 여러분은 다른 사람을 심판해서는 안 됩니다. 여러분은 다른 사람들의 일을 심판해서는 안 됩니다.

함께 미숙하게 사는 사람들입니다. 미숙합니다만 다소나마 앞을 나아가고 있는가, 조금 늦어졌는가, 상당히 늦어졌는가, 그러한 차이는 현대에서는 있을 것입니다. 다만 '근본에 사랑을 깃들인 존재다'는 것은 누구라도 같습니다.

'평화'를 위해 '정의'가 있다

상당히 오래전부터 국제정세에 관한 이야기를 해왔습니다. 예를 들면 북한 문제에 대해서도 말해 왔으며, 중국 문제에 대해서도 말해 왔습니다.

나는 '그들도 똑같은 인간이다'라고 생각하고 있습니다. 다만 그 국토밖에 선택할 수 없었던 사람들의 불행이 불쌍해서 견딜 수 없습니다.

북한에 관해 나는 몇 번이나 정치적인 발언을 해 왔고, 종교적으로도 여러 가지로 말해 왔습니다.

이대로 간다면 아마 전쟁이[27] 될지도 모르겠습니다. 큰 전쟁이 일어날 때 죽는 사람의 대부분은 북한에서 빈곤함으로 힘들어하는 사람들입니다. 그러한 사람들을 사실은 도와주고 싶습니다. 하지만 전제정치에 의해 억압당하고, 나라를 탈출하는 것도 못하는 사람들은, 해방되지 않으면 도와줄 수 없습니다.

나도 슬픕니다. '전쟁을 하라', '폭탄을 사람 머리 위에서부터 떨어뜨려라'라고 말하고 싶지 않습니다.

하지만 나쁜 체제가 많은 사람을 노예처럼 괴롭히고 있다면, 그 체제를 파괴하지 않으면 안 됩니다. '지혜를 가지고 미래의 구제를 위해 해야 할 일을 해가야만 한다'라고 생각하고 있습니다.

'정의'를 위해 '평화'가 있는 것이 아닙니다.

'평화'를 위해 '정의'는 있습니다.

이것을 착각하지 않았으면 좋겠습니다.

'지금은 평화롭기 때문에 아무것도 하지 않아도 된다'라고 생각한다면 그것은 잘못입니다. 이제부터 오는 미래에 새로운 평화를 만들어내기 위해 정의가 필요한 것입니다.

---

27) 전쟁 : 본 강연이나 영언 등에서 되풀이하여 트럼프 대통령이나 북한 측에 호소한 결과, 2018년 6월 12일 북미 정상회담이 열려, 북한 측이 비핵화에 합의하여 대규모 전쟁은 거의 피할 수 있는 전망이 되었다. ≪북한의 실질 넘버 2 김여정의 실상, 수호령 인터뷰≫(행복의 과학 출판 간행) 참조.

전 세계 사람들의 사고방식은 다를 것으로 생각합니다만, 여기 일본에서는 이 정의의 사고방식이 정말 약하고, 현상 유지인 채 평화가 계속되는 것을 정의라고 생각하는 사람이 있습니다.

하지만 정의란 여기서부터 오는 미래에 평화를 초래하는 활동도 포함하는 것입니다.

'사악한 체제'로부터 사람들을 해방시키는 '신의 정의'

'사악한 체제'에 의해 많은 사람이 괴로워하고 있다면 그 사람들을 해방시켜야만 합니다.

'사악한 체제'란 대체 무엇이겠습니까?

그 나라에서 도망치려고 해도 도망칠 수 없는 나라, 외국에 간 사람이 그 고향으로 돌아가고 싶어도 돌아갈 수 없는 나라, 돌아오면 처형되어 버릴 것 같은 나라, 이러한 나라는 이상합니다.

또 정권을 짊어진 사람이 정보 통제를 하고, 자기들 생각에 반대되는 정보를 일절 내지 않고, 예를 들면 노벨 평화상을 수상한 사람도 그것을 국민에게 전혀 알리지 않는 정부, 이것도 역시 이상합니다.

이러한 사악한 것을 '사악한 것'으로서 확실히 인식해야만 합니다. 그리고 그 정의를 싸움을 위해 사용할 것이 아니라, 새로운 미래의 평화를 위해 길을 개척하기 위해 사용해야만 합니다.

이 점에서는 일본 정부도 국민도 매스컴도, 아직 뒷전에 밀려 있다고 생각합니다. 그것은 근본에 '신의 정의'가 보이지 않기 때문이라고 생각합니다.

신의 정의는 '선악을 나누고, 악을 때려 부순다'는 것만은 아닙니다.

이 지상에 사는 것 모두를 신은 사랑합니다.

사랑하기에 '발언'이, '행동'이, '용기'가 필요해지게 됩니다.

입을 다물고 있어서는 안 됩니다.

05
사랑의 신 주 엘 칸타아레를 믿어라

'종교의 차이'나 '문화의 차이'를 너무 강조해서는 안 된다

행복의 과학은 기세를 잃고 역사적인 작은 종교가 되어서는 안 됩니다. 세계 여러 종교를 넘어설 수 있는 사고방식을 세계에 널리 퍼뜨려 가야만 합니다.

미국 트럼프 대통령은 '결단력'과 '용기'가 있는 분이라고 생각합니다. 북한 문제도 이 사람에게 달려 있다고 봅니다.

다만 그가 '예루살렘을 이스라엘 수도로 하겠다'라고 말한 것에 의해 아랍 진영과의 대립이 깊어지고 있습니다.

내 답은 '그것은 작은 일이다'고 생각하고 있습니다.

유대 사람들이 '예루살렘을 수도로 하고 싶다'라고 바라는 것은 괜찮습니다. 천상계의 고급령들, '신'이라고 불리는 역사상의 사람들은 그렇게 마음이 좁지 않습니다. 그러한 일로써 이 세상이 혼란에 빠지는 것을 바라지 않습니다.

이 지상에 '성지'라고 하는 것은 있습니다만, 그것은 어디까지나 저 세상에 있는 신불로 이어지기 위한 인연에 지나지 않습니다. 그러한 '수단'과 '목적'이 틀려서는 안 되는 것이 아니겠습니까?

우리는 '종교의 차이'나 '문화의 차이'를 너무 강조하는 일이 없도록 해야만 합니다.

또 지금의 인도처럼 '환생'의 사상을, 아직 남아 있는 카스트 제도와 같은 것의 근거로 사용하는 것도 안 됩니다.

'과거세의 업보가 좋았으므로 지금은 훌륭한 카스트로 태어났다', '과거세가 나빴으므로 지금은 가난한 곳에 태어났다'라는 고정적인 환생을 나는 인정하지 않습니다.

'그 사람이 훌륭한가 아닌가'는 본 장의 처음 부분에서 말한 대로 그 '행동'에 의해서만 판단됩니다.

사랑이 모든 것을 하나로 만든다

여러분이 비록 유명하든 무명하든

'여러분이 보살인가 아닌가'는

여러분이 했던 일

'사람을 살리는 마음과 행동'

'사람을 용서하는 마음과 행동'

여기에 달린 것입니다.

용서하기 어려운 자를 용서하라.

여러분을 박해하고, 차별하고, 백안시하는 사람도 용서하라.

그것이 여러분에게 부과된 크나큰 힘입니다.

여러분은 지금 힘을 받고 있습니다.

그것은 '천상의 힘'입니다.

'신의 힘'입니다.

'지구신의 힘'입니다.

그렇다면 이 힘으로

사악한 나라에 태어난 사람들도 최종적으로 용서하고

극복해 갈 만큼의 '포용력'을 가져주십시오.

미래를 확실하게 밝은 것으로 나아가게 하도록

용기 있는 한 발을, 매일매일 걸어 주십시오.

그리고

'작은 일본이라고 하는 테두리를 넘어서

동양이라고 하는 테두리를 넘어서

지구라고 하는 테두리를 넘어서
사랑이 모든 것을 하나로 만든다'
라는 것을 믿어 주십시오.

신이 당신을 사랑한 것처럼 사랑하라

여러분의 주 엘 칸타아레는 '사랑의 신'입니다.
가장 중요한 것은
'네 주이신 신을 사랑하라'는 말입니다.
이것은 바꿔 말하면
'너희의 사랑의 신을 믿어라'라는 것입니다.
그리고 두 번째로 중요한 것은
'네 이웃을 사랑하라'는 것입니다.
'여러분에게 이해利害가 되든 안 되든
여러분이 인생 도상에서 만나는 많은 사람을 사랑하라.
신이 여러분을 사랑한 것처럼 사랑하라'
라고 나는 말하는 것입니다.
전 세계에 있는 여러분에게 전하고 싶습니다.
나는 여러분 모두를 사랑하고 있습니다.

깊고 또한 격심한 책일 것이다. 인간들에게 여기까지 요구하는 것이 신의 마음이다.

여러분은 자아아욕이나 무상의 사랑, 자기희생의 진정한 의미를 아는가?

본서에는 또 ≪우주의 법≫에 대한 서장序章도 쓰여 있다. 영계를 믿는 것만으로도 큰일인데, 우주의 동포가 실재하는 것까지 다 믿을 수 있는가?

그리고 창조주의 생각에는 '시원의 법'과 '우주의 법'이 교착交錯한다.

본서를 넘을 수 없으면 대우주의 창조에 관한 법에는 도저히 도달하지 않는다.

진실한 신의 깨달음을 알고 싶다면 본서에 쓰인 사랑의 실천을 하라. 기적이, 단순한 우주의 룰에 지나지 않는다는 것을 알게 될 것이다.

2018년 12월

행복의 과학 그룹 창시자 겸 총재 오오카와 류우호오(大川隆法)

⊙ 본서는 아래 설법을 정리하고 가필한 것입니다.

제1장 정열을 높이는 방법 2018년 2월 3일 설법

　　　　　　　　미야자키현(宮崎縣) 미야코노조시(都城市) 종합문화 홀

제2장 자기희생 정신 2017년 11월 22일 설법

　　　　　　　　　　　　　　행복의 과학 특별설법당

제3장 청동의 문 2018년 3월 14일 설법

　　　　　　　　　　　　도쿄도 행복의 과학 종합본부

제4장 우주 시대의 개막 2018년 7월 4일 설법

　　　　　　　　　　　사이타마현 사이타마 슈퍼아리나

제5장 사랑을 퍼뜨리는 힘 2017년 12월 7일 설법

　　　　　　　　　　지바현 마쿠하리 멧세 국제전시장

내일을 바꾸는 말씀 ① ≪마음의 조화와 건강생활 선정수행 편≫
　　　　　　　제1부 '마음의 조화와 건강생활'에서
내일을 바꾸는 말씀 ② ≪용기의 법≫ 제5장 '진실한 인생을 끝까지
　　　　　　　살아라'에서
내일을 바꾸는 말씀 ③ ≪번영의 법칙≫ 제1장 '번영의 법칙'에서
내일을 바꾸는 말씀 ④ ≪신앙과 사랑≫ 제2장 '신앙과 사랑'에서
내일을 바꾸는 말씀 ⑤ '1천억 년의 고독'(1989년 9월 16일)에서

≪청동의 법≫ 오오카와 류우호오 저서 관련 서적

≪태양의 법≫ (행복의 과학 출판 간행)

≪황금의 법≫ 위와 같음)

≪용기의 법≫ (위와 같음)

≪신앙의 법≫ (위와 같음)

≪번영의 법칙≫ (위와 같음)

≪오오카와 류우호오 인도와 네팔 순석의 궤적≫ (위와 같음)

≪신앙과 사랑≫ (위와 같음)

≪더 콘택트≫ (위와 같음)

≪알려지지 않는 천재작곡가 미즈사와 유이치 '신비의 음악'을 말하다≫ (위와 같음)

≪미래창조의 경제학 — 공개영언 하이에크, 케인즈, 슘페터 ≫ → (위와 같음)

≪조로아스터와 마이트레야의 강림≫ (위와 같음)

≪팔라우 제도 펠렐리우섬 수비대장 나카가와 쿠니오 대령의 영언≫ (위와 같음)

≪오키나와 전 사령관 우시지마 미츠루 중장의 영언≫ (위와 같음)

≪이오지마(硫黃島) 구리바야시 다다미치 중장의 영언, 일본인에 대한 전갈≫
　(위와 같음)

≪며느리의 마음가짐 야마우치 가즈토요의 아내에게 배운다≫ (위와 같음)

≪다크 사이드 문의 원격투시≫ (위와 같음)

≪네바다주 미군기지 '51구역'의 원격투시≫ (위와 같음)

≪오히루메노무치의 영언≫ (위와 같음)

≪공개영언 초고대 문명 무의 대왕 라무의 본심≫ (위와 같음)

≪아틀란티스 문명의 진상 — 대도사 토스, 아가샤 대왕 공개영언 ≫ → (위와 같음)

≪북한의 실질 넘버 2 김여정의 실상, 수호령 인터뷰≫ (위와 같음)

※ 다음 책은 서점에서는 취급하지 않습니다.

가까운 정사 · 지부 · 거점으로 문의해 주십시오.

≪마음의 조화와 건강생활 선정수행 편≫ (종교법인 행복의 과학 간행)

≪오오카와 류우호오 영언전집 제5권 예수 그리스도의 영언≫ (위와 같음)

≪오오카와 류우호오 영언전집 제13권 히미코의 영언 / 오토다치바나히메의 영언≫

　(위와 같음)

≪젊었을 때의 엘 칸타아레 ─ 평범함에서의 출발 ≫ → (위와 같음)

청동의 법

2019년 6월 20일 제1판 1쇄 발행

지은이 / 오오카와 류우호오
펴낸이 / 강선희
펴낸곳 / 가림출판사

등록 / 1992. 10. 6. 제 4-191호
주소 / 서울시 광진구 영화사로 83-1 영진빌딩 5층
대표전화 / 02)458-6451 팩스 / 02)458-6450
홈페이지 / www.galim.co.kr
이메일 / galim@galim.co.kr

값 17,000원

ⓒ 오오카와 류우호오, 2019

ISBN 978-89-7895-418-1 03200

이 도서의 국립중앙도서관 출판예정도서목록(CIP)은 서지정보유통지원
시스템 홈페이지(http://seoji.nl.go.kr)와 국가자료공동목록시스템(http://
www.nl.go.kr/kolisnet)에서 이용하실 수 있습니다.(CIP제어번호:
CIP2019021475)